Que maravilloso es escribir de lo que da propósito a la vida y produce buenos resultados. Esa es precisamente la intención de este libro extraordinario que ha sido escrito para ser leído, disfrutado y aplicado. Es una buena medicina contra el desorden, la confusión, el afán y la improvisación. Conozco muy de cerca a quien escribe, y puedo dar fe de que las prioridades aquí presentadas han sido su estilo de vida desde su conversión. Su intensa y continua relación con el Señor, su entrega completa a su familia como esposo y padre, y su disposición para servir en el ministerio, sirven de testimonio fehaciente para validar sus enseñanzas. Mi mayor aprecio, felicitación y gratitud al pastor Mario J. Guzmán por tan oportuna herramienta que ayudará a los lectores a alcanzar una vida plena en el Señor.

Ángel Esteban Martínez
Pastor principal
Iglesia Cristiana de la Familia

Como mujer, esposa, madre y sobre todo sierva de Dios, reconozco lo valioso e importante que es tener lecturas que nos permitan crecer. Prioridades, es un libro lleno de herramientas poderosas que está avalado por la Palabra de Dios. Felicito al pastor Mario Guzmán por este libro que de una forma bien estructurada nos lleva a aprender, reflexionar y mejorar en todas las etapas de nuestra vida.

Jailene Cintrón
Animadora de televisión

De los tantos excelentes libros que se publican hoy en día este toma un lugar único. El llamado del Espíritu es de volver al orden establecido por Dios. El pastor Mario de forma simple, pero profunda logra redactar lo que se necesita para el pueblo de Dios en este tiempo. Sé que son palabras que provienen del corazón de Dios, que beneficiará a todo líder y que no será el mismo después de leerlo.

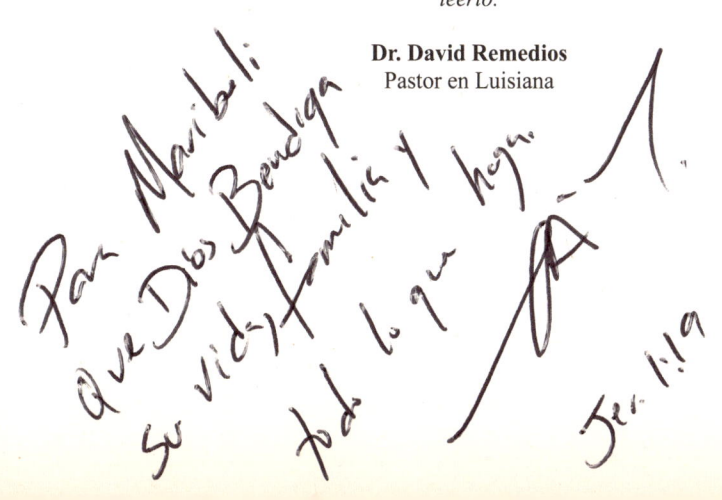

Dr. David Remedios
Pastor en Luisiana

El adjetivo que mejor define este libro es "pertinente". Necesitábamos un libro de fácil lectura que ayudara de una manera sencilla y práctica a enfocar la vida espiritual de manera sostenida hasta lograr los propósitos que Dios tiene con cada uno de nosotros. El pastor Mario Guzmán propone una ruta que nos ayuda a armonizar las tres áreas más sensibles en nuestra vida: La vida espiritual, familiar y ministerial o de servicio al prójimo. Además, nos invita a alinearlas con el plan de Dios. Recomiendo este libro no sólo al laicado sino también al líder y al ministro.

Rvdo. Alfredo Vallellanes
Presidente de la Fundación Mies y Director da la Liga Bíblica de PR

Creo que muchas de las crisis que enfrentan las familias e individuos se deben a un desorden en las prioridades de su vida. La información que recibimos a través de los medios de comunicación nos confunde en esta área, por ejemplo, colocando la prioridad de "tener" sobre la prioridad de "ser". Por eso necesitamos fundamentar las prioridades de nuestra vida de acuerdo a las instrucciones de la Palabra de Dios que se presentan en este libro. Como ministro de niños recomiendo Prioridades *como una fuente de información para formar a padres y a esta generación emergente de niños. Según leía los ejemplos e ilustraciones que presenta el autor, visualizaba momentos de enseñanzas a niños y momentos de devoción familiar donde se implantan las prioridades correctas que llevarán a las generaciones que se levantan a cumplir con los propósitos de Dios en sus vidas. Glorifico a Dios por el pastor Mario Guzmán y por este libro que traerá reestructuración y bendición a muchas familias y generaciones.*

Vaniliz Yordán
Pastora de niños

PRIORIDADES

CÓMO ORDENAR NUESTRA VIDA PARA OBTENER MEJORES RESULTADOS

Mario J. Guzmán

Prioridades por Mario J. Guzmán
Publicado por Publicaciones Casa
Una compañía de Charisma Media
600 Rinehart Road
Lake Mary, Florida 32746
www.casacreacion.com

No se autoriza la reproducción de este libro ni de partes del mismo en forma alguna, ni tampoco que sea archivado en un sistema o transmitido de manera alguna ni por ningún medio—electrónico, mecánico, fotocopia, grabación u otro—sin permiso previo escrito de la casa editora, con excepción de lo previsto por las leyes de derechos de autor en los Estados Unidos de América.

A menos que se indique lo contrario, el texto Bíblico ha sido tomado de la versión Reina-Valera © 1960 Sociedades Bíblicas en América Latina; © renovado 1988 Sociedades Bíblicas Unidas. Utilizado con permiso.

Diseño interior y de la portada: Ronald Flores
Director de diseño: Bill Johnson

Copyright © 2014 por Mario J. Guzmán
Todos los derechos reservados

Visite las páginas web del autor:
www.escueladeevangelizacion.com;
www.ministerioechandoraices.com

Library of Congress Control Number: 2014932767
ISBN: 978-1-62136-918-9
E-book: ISBN: 978-1-62136-927-1

Impreso en los Estados Unidos de América
14 15 16 17 18 * 5 4 3 2 1

DEDICATORIA

A mi Padre, quien decidió crearme cuando no era. Quien me amó con amor eterno. Te amo, Dios.

A mi amada esposa Marinelis Rivera, la mujer de mis sueños a quien amo, admiro, honro y respeto. Mi esposa, mi novia, mi amiga, mi consejera y mi compañera de guerra.

A nuestros tres grandes tesoros, Yoelis, Yanielis (Nani) y Uriel Josué. Quienes llenan cada día nuestras vidas con alegría, ocurrencias, haciéndonos reír hasta más no poder. Los amo.

AGRADECIMIENTOS

Son muchas las personas que han aportado a la realización de este libro por lo que nombrarlas sería imposible. Pero quiero agradecer de una forma especial a mis pastores y padres espirituales, Ángel Esteban Martínez y Yadira Forestier a quienes admiro profundamente, honro y bendigo. A la red de Iglesia Cristiana de la Familia, por amarnos, honrarnos y creer en nosotros. A mi esposa Marinelis por aconsejarme, por su aportación y por sus sugerencias. A Rita, quien me ayudó en la preparación del manuscrito con tanto amor y dedicación. Y a Ronald Flores, por las sugerencias, aportaciones y su dedicación en el libro.

CONTENIDO

Prólogo   9

Introducción   11

I.   Un nuevo comienzo   15

II.   Una relación madura con Dios   25

III.   Mi vida familiar   37

IV.   Vida ministerial   49

V.   Excelencia laboral   59

VI.   Con fuerza de voluntad   71

VII.   Terminemos lo que iniciemos   87

PRÓLOGO

Es un buen libro.

Si el lector está buscando "sensaciones religiosas", fórmulas para soluciones instantáneas o entretenimiento, este libro no es el que le conviene.

La persona que tiene en sus manos esta magnífica obra es alguien que desea crecer, madurar y ser un real seguidor de Jesús, entonces este material le será de ayuda valiosísima.

Felicito al pastor Mario J. Guzmán por este trabajo literario. Más que un libro es un verdadero manual de desarrollo cristiano.

El tema de las prioridades es fundamental para los hijos de Dios. En un mundo religioso saturado de activismo, nos podemos confundir fácilmente. El "estar haciendo" muchas cosas en la iglesia nos puede hacer pensar que estamos agradando al Señor. Y tal vez, lo que estamos logrando es todo lo contrario. El trabajar arduamente procurando ser un buen proveedor del hogar, nos puede alejar de los valores fundamentales sobre los que debemos

Prioridades

edificar la familia.

Dios se agrada cuando vivimos conforme a sus principios. Primero es nuestra relación con Él. Luego es nuestra familia. Es allí donde revelamos nuestro carácter cristiano. Después es la iglesia, el ministerio, la "obra de Dios", o nuestra tarea cotidiana. Si respetamos el orden de Dios, lo que hagamos en el ministerio o en nuestra vida profesional, saldrá bien. Lo fundamental no es lo que hacemos; lo fundamental es lo que somos. Lo que somos como hijos de Dios, lo que somos en el seno de nuestras relaciones familiares, determinará la calidad de nuestras obras.

Le doy una cálida bienvenida a *Prioridades*. Es ideal para la reflexión personal y para el estudio en grupos.

Seamos cristianos maduros, plantados sobre fundamentos sólidos, capaces de edificar vidas, familias y comunidades llenas de bendición.

El pastor Guzmán siendo un hombre joven tiene la sabiduría de un anciano sabio. Doy gracias a Dios por él y por este libro.

Alberto H. Mottesi
Evangelista

INTRODUCCIÓN

El deseo de tener éxito en la vida es natural en el ser humano. El problema es que cada uno tiene conceptos y preceptos distorsionados de lo que es el éxito, lo cual nos puede alejar de nuestro propósito en Dios. Resulta devastador poner todo nuestro empeño, tiempo y dedicación en algo que creemos importante, saltando otras cosas que en realidad son de mayor categoría.

Suele ser frustrante ver una persona sacrificando su salud por el dinero y luego pagando dinero para recuperar la salud. Hay personas que abandonan a sus hijos por el trabajo a fin darles todo y que luego deben entregarlo todo para que ellos regresen a casa; otras en un tiempo dieron todo por el reino y luego abandonaron al Rey. Esto nos muestra que al desarrollar vidas desequilibradas nos topamos con el riesgo de perder la totalidad de lo que hemos edificado.

En la parábola de las diez vírgenes (Mateo 25: 1-12) se habla de una puerta y la representación de dos tipos de personas que desean entrar por ella: los diligentes y los insensatos. Los diligentes son los que planifican su bendición, los que pueden anticipar lo porvenir preparándose en todo para poder entrar por la puerta cuando llegare el tiempo. Son los que disciernen el tiempo y lo aprovechan al máximo. El insensato, en cambio, es aquel que vive la vida día a día. Es la persona que no anticipa ni se prepara, esperando que los demás le ayuden en el último momento para poder entrar por las puertas de su próximo nivel. Hay puertas para todos, pero no cualquiera entrará por ellas. Aunque todos tenemos las mismas oportunidades, sólo entrarán los que aprovechen esas oportunidades.

Elías aprovechó las oportunidades para provocar que Dios hiciera descender fuego del cielo. Él colocó las doce piedras en representación de las doce tribus de Israel. Cuando él las unió y preparó el altar y tuvo listo el sacrificio que iba a ofrecer, descendió el fuego del cielo. Cuando nosotros tomamos todas las piedras en representación de las áreas medulares en nuestras vidas, preparamos un altar para Dios. Entonces cuando preparamos todas las áreas de nuestras vidas para rendirlas a Dios, Él hace descender fuego del cielo. Si queremos tener eficiencia en lo que hacemos, debemos prepararnos.

La aportación que quiero dar por medio de este libro, es destacar la importancia de seguir leyes espirituales de orden para tomar mejores decisiones cada día. Podemos mejorar cada día nuestra relación con Dios, en la vida familiar, en la obra de Dios, trabajo, estudios, etc. Continuamente nos hacemos la siguiente pregunta: ¿Quién se está llevando lo mejor de nosotros? Esto nos ayuda a entender en dónde estamos y hacia dónde nos dirigimos. De esta manera nuestros hijos crecerán enamorados de Dios, de sus padres y abrazarán el legado ministerial. En muchos lugares donde hemos ido a predicar vemos con frecuencia hijos de ministros o de personas profesionales tristes porque el ministerio y el trabajo han secuestrado a sus padres. Creemos en el ministerio y en dar lo mejor en el trabajo, pero estamos conscientes de que Dios está más interesado en bendecir matrimonios y familias. La promesa al padre de la fe, Abraham, fue *"en ti serán benditas todas las familias de la tierra".*

Introducción

En la lectura de este material descubrirá principios bíblicos que lo ayudarán a establecer prioridades y a tomar mejores decisiones. Dios quiere darnos estrategias para que hagamos prosperar nuestro camino y todo nos salga bien. Que nuestras decisiones nos lleven resultados y no consecuencias. Él nos llevará de un buen lugar a otro excelente.

En un momento dado, Pedro se encontraba lavando redes con un gran sentimiento de frustración. Jesús entra en la barca y comienza a hablar. Luego reta a Pedro y le invita a tirar las redes nuevamente, a lo cual Pedro accede diciendo: *"... en tu palabra echaré la red"*. Pedro tiró la red y no daba abasto para recogerla y llamó a los que estaban en la orilla para que le ayudasen con los peces y con la otra barca. Era tanta la cantidad de peces que estaban por hundirse ambas barcas. Preparemos nuestras barcas para la cantidad de peces que Dios estará añadiendo a nuestras vidas. Dejemos la orilla de frustración y entremos en las profundidades de la abundancia. Dios tiene algo más para nosotros. ¡Tomémoslo!

Prioridades

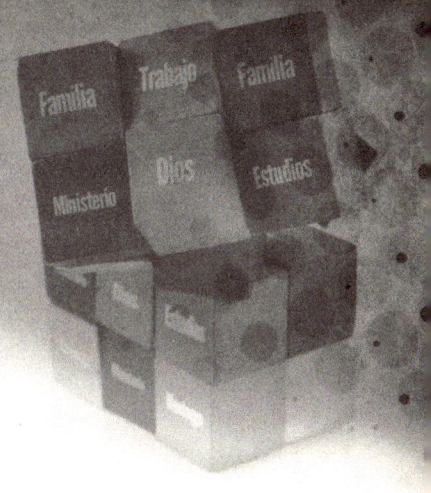

CAPÍTULO 1
UN NUEVO COMIENZO

"En el principio creó Dios los cielos y la tierra..." (Génesis 1:1).

Un cobrador de impuestos se encuentra, como todas las mañanas, sentado ante su mesa trabajando. Entonces ocurre algo sin precedente: Jesús le llama para que esté con Él, diciéndole "sígueme". Mateo acaba de recibir un llamado que marcaría la historia de su vida. Un cobrador de impuesto común y corriente ahora se encuentra ante su mesa de trabajo a punto de tomar la decisión más grande de su vida.

Creo que el corazón de Mateo fue visitado por varios sentimientos. Por un lado, el sentimiento de incertidumbre por si llegara a fracasar después de haberlo dejado todo y por otro lado, el despertar del propósito de su vida. Este llamado no se repetiría en la vida de Mateo. Una decisión en el tiempo correcto, es lo que hacía falta para que Mateo fuese trasladado de la mesa de trabajo al mejor equipo de la historia. El equipo de los que transformaron al mundo. Por esa razón es de suma importancia conocer el tiempo y los momentos en que Dios determina hacer las cosas. No es el tiempo escogido por el hombre, sino el tiempo planificado por Dios.

Dios designó un tiempo para crear las cosas. Él estableció "el principio" como momento de creación. No fue en medio de las cosas, tampoco al final, sino al principio. En el principio Dios creó todo lo que fue, lo que existe y existirá. Dios creó toda la humanidad, desde el primero hasta el último hombre y los colocó en Adán. Dios puso en Adán un sistema reproductor que traería al mundo de forma paulatina todas las personas que creó en el principio. Lo mismo hizo con los animales y las plantas. El mundo no tenía ni tiene la capacidad de recibir todo lo que Dios creó en el principio.

En el trayecto de este libro descubriremos la importancia de establecer prioridades en nuestras vidas. Cuando hablamos de prioridades hacemos referencia a los siguientes términos: primero, principio, inicio, comienzo, nuevos comienzos, primicias, primogénito, cabeza, etc. Allí se manifiesta el poder de la creación de Dios. Todo lo que pueda faltar, Dios lo puede crear. Al establecer prioridades, establecemos nuevos principios, preparando un gran escenario para que Dios cree cosas en nuestra vida, familia y ministerio.

En el principio el Espíritu de Dios se movía sobre la faz de las aguas, pero la tierra se encontraba desordenada y vacía. El Espíritu de Dios estaba presente en la tierra desordenada y vacía, pero se movía sobre la llenura y el orden de las aguas. Más adelante Dios ordena la tierra y la llena. En nuestro "principio" recibimos al Espíritu Santo aunque nuestra vida se encuentre en total desorden y carezcamos de muchas cosas. Porque que haya desorden y carencias en nuestras vidas no quiere decir que el Espíritu de Dios no esté. Él forma parte de nuestros comienzos con Dios. Él nos encontró así, pero no nos dejará en ese estado.

Dios tiene el deseo de ordenar y llenar cada rincón de nuestras vidas con el poder de su Palabra. Tenemos que permitir a la Palabra de Dios y al Espíritu Santo hacer su trabajo en nosotros, en lugar de tomar el riesgo de vivir en desorden o carencias y de esta manera dirigir una familia, un ministerio y grandes proyectos. No se trata de tener el Espíritu de Dios o no. Se trata de que no ocupe sólo un rincón de nuestro ser interior, sino que gobierne nuestra vida para que el reino de Dios se manifieste al mundo por medio de nosotros.

Un nuevo comienzo

"Él es la imagen del Dios invisible, el primogénito de toda creación. Porque en él fueron creadas todas las cosas, las que hay en los cielos y las que hay en la tierra, visibles e invisibles; sean tronos, sean dominios, sean principados, sean potestades; todo fue creado por medio de él y para él" (Colosenses 1:15-16).

Al estar todos en Adán, todos pecamos con él. Al ser expulsado Adán y salir del paraíso, todos lo hicimos también. Salimos y no había forma de regresar. Se tenía que crear un puente, un camino, una puerta para el regreso. Ahora bien, *"En el principio era el Verbo, y el Verbo era con Dios, y el Verbo era Dios. Todas las cosas por él fueron hechas, y sin él nada de lo que ha sido hecho, fue hecho"* (Juan1:1-3). Jesús es el principio. Jesús descendió y se humilló hasta la muerte en la cruz y al tercer día resucitó. "El principio" resucitó para traer un nuevo principio, una nueva creación para cada uno de nosotros. Por tal razón el apóstol Pablo declara que Jesús es el primogénito de la nueva creación. Estableció un nuevo principio para crear una nueva vida en él y un nuevo camino que nos regrese al Padre. Gracias a la muerte y resurrección de Cristo hoy podemos decir que *las cosas viejas pasaron y él hace todas las cosas nuevas.*

Prioridades

Al establecer prioridades seremos trasladados de un lugar a otro. Dios nos sacará de la cola y nos pondrá por cabeza. Los hijos de Dios hemos cometido el error de ser cabeza dentro de los templos y ser cola en la ciudad. Tenemos que recuperar la posición de cabeza. La posición de cola nos ha llevado a esfuerzos con pocos resultados, a conformarnos con menos de lo prometido por Dios, a vivir arrinconados y aceptar lo que diga la sociedad. En cambio, la posición en la cual Dios nos establece es la de cabeza. De la cabeza salen las leyes, las ideas, los gobiernos y las plataformas donde se manifestará el reino de Dios. Mejor posición, mejores resultados.

"MEJOR POSICIÓN, MEJORES RESULTADOS"

Crea en mí...

El rey David después de haber pecado es confrontado por el profeta, se arrepiente y ora de esta manera: *"Crea en mí, oh Dios, un corazón limpio, y renueva un espíritu recto dentro de mí" (Salmos 51:10)*. David le pide a Dios que cree en él un corazón limpio. Llegó un punto en la vida de David que reconoció que necesitaba un corazón nuevo y limpio. ¿Por qué no la había pedido antes? Porque David sabía que le costaría mucho. Él conocía que Dios podía crear un corazón nuevo y limpio dándole sepultura al corazón sucio, pero para que haya un nuevo comienzo le debemos de dar fin a lo existente. En la muerte de las cosas se encuentran los nuevos comienzos y en los nuevos comienzos está el poder de la creación.

"LA MUERTE ANUNCIA UN NUEVO PRINCIPIO Y LA CREACIÓN DE GRANDES COSAS"

Muchos de nosotros deseamos grandes cosas para nuestra vida, nuestra familia y ministerios, pero no estamos dispuestos a darle sepultura a áreas que carcomen nuestro ser interior. David, siendo rey y desempeñando un sinnúmero de responsabilidades, no tenía un corazón limpio. En ese mismo escenario podríamos estar nosotros como cónyuge, padre, madre, ministro o líder, sin tener un corazón correcto ante lo que somos, hacemos y tenemos. Para que el poder de Dios se manifieste en nosotros debemos morir a nuestras emociones, sentimientos, religiosidad, costumbres y tradiciones. En el principio nosotros no éramos y Dios creó, ahora podemos desaparecer para que Él cree en nosotros un corazón limpio. La muerte anuncia un nuevo principio y la creación de grandes cosas. El poder creativo de Dios añadirá todo lo que nos falte cuando detenemos todo y volvemos a iniciar.

Pertenecíamos a un equipo misionero en España y después de varios años el equipo comenzó a desintegrarse. Quedamos mi esposa y yo con nuestra hija de un año. Estábamos decididos a regresar a Puerto Rico, pero después de orar fervientemente por dirección, el Señor nos reveló que lo que estaba sucediendo era parte de un proceso en nosotros. La realidad es que ese proceso nos desarmó por completo. Tuvimos que morir a nuestros deseos y a nuestra vida. Pero a la vez que moríamos a nosotros mismos, Dios fue acelerando su obra en nosotros.

> "DIOS RECOMPENSA NUESTRA FE Y EL LUGAR QUE LE DEMOS A ÉL"

Comenzamos a experimentar un crecimiento sin precedente y definitivamente hubo una detonación espiritual en nuestras vidas. Era mayor lo que Dios nos tenía preparado para después del proceso. Pudimos vivir lo que significa morir a nosotros mismos. En cada fin nace un comienzo. Debemos provocar el fin de muchas cosas para que tengan lugar los comienzos que tanto hemos esperado y necesitado.

Primicias

La primicia es lo primero de una cosecha. Las cosas que tengamos se pueden convertir en primicias o en el sobrante.

Prioridades

Cuando logramos convertirlas en primicias tenemos la seguridad que sobre ellas estará el favor de Dios y el poder de crear lo que haga falta. Jesús le enseñó a sus discípulos a dedicarle a Dios lo primero: *"Mas buscad primeramente el reino de Dios y su justicia, y todas estas cosas os serán añadidas" (Mateo 6:33).* Cuando le entregamos la primicia de nuestra vida, él añade lo que nos falte y si lo que nos falta no existe, Él lo crea y lo añade. El sistema y la filosofía del mundo están dirigidos a buscar las añadiduras, pero en el sistema del reino de Dios las añadiduras siguen a los que dan sus primicias al Rey.

"Honra a Jehová con tus bienes, y con las primicias de todos tus frutos; y serán llenos tus graneros con abundancia, y tus lagares rebosarán de mosto" (Proverbios 3:9-10).

El deseo de Dios es que nuestros graneros estén llenos y esto es el resultado de nuestras primicias. Esta promesa no va dirigida a la siembra, sino al granero. El milagro de la abundancia lo provocan las primicias. La multiplicación no se refleja en la siembra sino después. *"Bienaventurado el que no vio y creyó".* Dar honra primero a Dios con nuestros bienes es un privilegio. El enfoque del autor no está en la cantidad ofrecida sino en el orden, en las prioridades y en creer. Dios recompensa nuestra fe y el lugar que le demos a Él.

"Vino entonces un hombre de Baal-salisa, el cual trajo al varón de Dios panes de primicias, veinte panes de cebada, y trigo nuevo en su espiga. Y él dijo: Da a la gente para que coma. Y respondió su sirviente: ¿Cómo pondré esto delante de cien hombres? Pero él volvió a decir: Da a la gente para que coma, porque así ha dicho Jehová: Comerán, y sobrará. Entonces lo puso delante de ellos, y comieron, y les sobró, conforme a la palabra de Jehová" (2 Reyes 4:42-44).

Este hombre de Baal-salisa provocó una creación de nuevos

Un nuevo comienzo

panes al convertirlos en primicias. Este hombre sabía el código de la creación y de la multiplicación. Este hombre sabía que Dios creaba en el principio y convirtió las sobras de otros en primicias. Muchas de las cosas que Dios confía en nuestra mano tienen la capacidad de convertirse en primicias para Él. Si logramos convertirlas en primicias veremos una provisión milagrosa de Dios al igual que este hombre de Baal-salisa. Dios mismo nos dirige para que entreguemos primicias a Él con la intención de multiplicar el fruto de nuestras manos. Él siempre estará interesado en las primicias de lo que nos da. Dios nos llevará una y otra vez a entregar las primicias, no porque él las necesita sino porque nos quiere bendecir. Él nos dirigirá a grandes bendiciones; Él nos dirigirá a entregarle lo primero.

La oración es poderosa, pero la oración mañanera desata una unción creativa. El salmista expresó: *"anunciar por la mañana tu misericordia, y tu fidelidad cada noche" (Salmos 92:2)*. Cuando oramos antes de hacer cualquier cosa estamos ofreciendo primicias del día a Dios. Al *principio* del día anunciamos su misericordia y en la noche será inevitable decir: "Dios ha sido fiel". ¿Qué ocurre durante el día? El favor de Dios se manifiesta en ese día de primicias.

"Habló Jehová a Moisés y a Aarón en la tierra de Egipto, diciendo: Este mes os será principio de los meses; para vosotros será éste el primero en los meses del año" (Éxodo 12:1-2). En este momento Dios inicia un año nuevo, preparando al pueblo para la pascua. En otras palabras el Señor estaba diciendo prepárense para despedir el año. Mañana será otro día, otro mes y otro año. Hay momentos en nuestra vida que Dios nos dice así. Cuando Dios decide que termine un año o una temporada en nuestras vidas, Él lo hace. Así que nos debemos de preparar para una nueva temporada y el principio de otra. Antes de crear algo en nuestra vida, Dios provocará la sepultura de áreas de la misma.

21

Prioridades

Al establecer prioridades estableceremos el principio de creación. Nuestra vida, familia y ministerios necesitan el poder creativo de Dios para alcanzar madurez y altura espiritual. Al establecer prioridades le daremos fin al desorden y a las consecuencias del mismo, preparando un tiempo de refrigerio. Dios quiere manifestar las primicias del Espíritu Santo en nosotros y en todo nuestro entorno (Romanos 8.23).

> "AL ESTABLECER PRIORIDADES LLEGAREMOS MÁS LEJOS EN MENOS TIEMPO"

Entreguemos a Dios nuestro estilo de vida para obtener uno mejor. Al establecer prioridades llegaremos más lejos en menos tiempo, preservando la pasión y las fuerzas. ¡Establezcamos el "principio" de grandes cosas!

REFLEXIÓN
PERSONAL Y/O GRUPAL

1. ¿Cuándo Dios crea?
2. ¿Por qué el principio tuvo que morir?
3. ¿Por qué es importante establecer prioridades?
4. ¿Qué debemos hacer para iniciar de nuevo?
5. ¿Estaré convirtiendo las cosas en primicias?
6. ¿Por qué debemos orar de madrugada?

CAPÍTULO 2
UNA RELACIÓN MADURA CON DIOS

"... pero el alimento sólido es para los que han alcanzado madurez..."
(Hebreos 5:14)

Las Escrituras nos revelan claramente el amor apasionado de Dios por sus hijos. No cabe la menor duda que hay un deseo intenso de que volvamos nuestro corazón a Él. Dios desea que lo busquemos con todo nuestro ser para darse a conocer en nuestras vidas. Por tal razón debemos caracterizarnos como buscadores de su rostro y no de sus obras. Un verdadero hijo de Dios no le busca por lo que Él puede hacer sino que le busca porque desea pasar tiempo con Él.

A lo largo de las Escrituras podemos apreciar cómo Dios se ha acercado a nosotros. Cuando el pueblo de Israel se encontraba en Egipto, Dios le hablaba a Moisés, Moisés a Aarón y Aarón al pueblo. La Palabra de Dios pasaba por dos personas antes de

Prioridades

llegar al pueblo. Para el tiempo de los profetas, podemos apreciar que Dios hablaba al profeta y el profeta al pueblo. La Palabra de Dios pasaba entonces por una persona, acercándose cada vez más al hombre. En los evangelios vemos claramente el Verbo hecho carne. En ese momento la Palabra se encontraba en medio nuestro. No había intermediarios sino que la Palabra estaba tan cerca y accesible que caminaban con la Palabra, comían con la Palabra e incluso podían recostarse en la Palabra, *"el Verbo de Dios hecho carne"*. Pero no todo quedó ahí. Él pagó el precio más alto para ya no estar cerca, sino dentro de cada uno de nosotros. Ahora podemos experimentar su presencia, palabra y amor por medio del Espíritu Santo que vino a morar en nuestras vidas. ¿Quiénes somos para que Él se acerque a nosotros? Definitivamente, Dios anhela relacionarse con nosotros.

La buena intención no es suficiente

Una familia quiso sorprendernos con algo especial y decidió hacer una comida: hígado de pollo. Cuando llegamos a la casa, nos recibieron con gran alegría, pero cuando pusieron el plato en la mesa identifiqué el hígado, que no me gusta para nada. Obviamente, ellos no lo sabían. Tomé el pan y me disculpé con nuestros anfitriones por no comer. Mi esposa me miraba avergonzada, pero yo prefería salir con vergüenza antes que con el hígado en mi estómago.

"EL MUCHO MOVIMIENTO NO GARANTIZA UNA AVANZADA"

Esta experiencia me llevó a reflexionar sobre cuántas veces hacemos algo similar para Dios, aun con buena intención. Para agradar a Dios es necesario conocerle. La buena intención y el desconocimiento de Dios hacen que nos esforcemos mucho sin lograr los resultados deseados. El mucho movimiento no garantiza un avance. Podemos perder lo que es importante para Dios creyendo falsamente que lo estamos haciendo bien. Muchas familias se han quebrado, lastimado y dividido con el desconocimiento de Dios y la buena intención. El conocimiento de Dios nos ayuda a canalizar nuestra intención, pasión y esfuerzos logrando mayores resultados y un verdadero progreso. El conocimiento de Dios se reflejará en los resultados de nuestras decisiones.

La prioridad de Dios debe ser nuestra prioridad. Y la prioridad de Dios para nuestras vidas es que le amemos con todo nuestro ser. Los reyes de este mundo tienen sus propias exigencias, pero ninguno se centra en el amor. El único rey que exige amor es el Rey de reyes. *"Amarás al Señor tu Dios con todo tu corazón, y con toda tu alma, y con toda tu mente. Éste es el primer y gran mandamiento"* (Mateo 22:37-38).

Al entregar nuestra vida al señorío de Jesucristo, le hemos colocado en el trono de nuestro corazón. Debemos estar vigilantes para que no haya nada ni nadie por encima de Dios en nosotros. Todo tiene que pasar a un segundo plano para que Él ocupe el primer lugar en nuestra vida. Esto no quiere decir que disminuyamos el amor a nuestra familia o amistades, tampoco quiere decir que abandonemos nuestras responsabilidades con el hogar, el trabajo, los estudios, etc. Hacia donde nos guía la Palabra de Dios es a acrecentar el amor hacia Él. Que nuestra vida espiritual se alimente, provocando intencionalmente una pasión por Dios que consuma todo nuestro ser.

Cuando nos sentimos solos

Creo que todos hemos expresado en algún momento: ¡estoy solo!, en especial cuando estamos pasando momentos difíciles. No hemos sido diseñados para estar solos, Dios dijo: *"no es bueno que el hombre esté solo"*. Algunas personas disfrutan más que otras cuando pasan momentos a solas, pero no en forma permanente. Partiendo de la premisa de esta necesidad del hombre, Jesús hace una promesa para darnos descanso diciendo que Él *"estará con nosotros todos los días de nuestra vida hasta el fin del mundo"*. Esta promesa no es condicionada. No depende de cómo amanezcamos o del trato de los demás hacia nosotros. Las palabras de Jesús nos hacen entender que en realidad no estamos solos, sino que nos visita un *sentimiento de soledad* que trae un poco de confusión a nuestra mente.

"EL SENTIMIENTO DE SOLEDAD ES UNA DESCONEXIÓN DE LOS QUE NOS DISTRAE PARA CONECTARNOS CON EL QUE NOS LLAMA"

En el sentimiento de soledad se encuentran grandes oportunidades de acercarnos más a Dios. Es donde todo a nuestro alrededor se opaca y el único que se mantiene brillando es Él. Es como si pasáramos desapercibidos para todos mientras que su mirada permanece en nosotros. Creo que de esa manera se sintió José en la cisterna antes de gobernar; David en su propia casa antes de reinar; Elías en la cueva antes de ser arrebatado por Dios y Jesús en la cruz antes de triunfar sobre Satanás. El sentimiento de soledad es una desconexión de lo que nos distrae para conectarnos con el que nos llama. Un sentimiento de soledad puede cambiar nuestra vida religiosa en una relación con Dios. Puede cambiar devocionales por intimidad. Los momentos de mayor soledad se convierten en los de mayor compañía.

3 PRINCIPIOS BÁSICOS DE NUESTRA INTIMIDAD CON DIOS

ORACIÓN

Sin duda alguna la oración es el punto de conexión entre el Espíritu Santo y nuestro espíritu. La oración es el oxígeno de la iglesia. La vida del creyente se encuentra en la oración. El conocido evangelista Yiye Ávila dijo: *"una vida sin oración es una vida sin Dios".* En la intimidad con Dios es donde nuestro corazón va tomando la forma de su corazón. ¿Cuál es el fin de tener intimidad con Dios? ¿Ser llenos del Espíritu Santo? ¡No! Es tener su corazón, pero para tener su corazón es necesario ser llenos del Espíritu Santo.

El término oración quiere decir "llamar cerca e invitar". La oración va mucho más allá de una comunicación. La oración es una invitación permanente. Por tal razón la oración marca nuestro destino y el de nuestras generaciones. Cuando oramos, Él se acerca con la intención de permanecer y hacer crecer nuestra amistad con Él. Le llamamos, pero ¿qué atención le ofrecemos una vez que está cerca? Creo que es una pregunta medular ya que muchas veces oramos para recibir más de Dios, cuando el problema no es que no recibamos, sino que no sabemos retener lo que recibimos de Él, o sea el trato que le damos después de haberle invitado.

"EL PROBLEMA NO ES QUE NO RECIBAMOS, EL PROBLEMA ES QUE NO SABEMOS RETENER LO QUE RECIBIMOS DE EL"

En el Antiguo Testamento una sunamita invitó insistentemente al profeta Eliseo a cenar en su casa y el profeta cenó y regresó. Ella interpreta que el profeta viene de parte de Dios y planifica retenerle. Más adelante la sunamita y su marido deciden edificar un aposento con paredes, para retener al profeta. ¡Funcionó! La sunamita llama al profeta y le trata bien, preparándole una habitación. Cuando llamamos al Espíritu Santo con nuestra oración, debemos retenerlo como lo hizo la sunamita con Eliseo. El verdadero anhelo por su presencia se reflejará en nuestra actitud y carácter. Que la oración transforme nuestro corazón y nos movamos a levantar paredes y retener lo que hemos recibido y recibiremos de Él.

Prioridades

Podemos tener diferentes resultados en nuestras oraciones, aún elevando las mismas palabras. Un elemento clave en la oración es la actitud que tenemos en ella. Con nuestra actitud enviamos un mensaje a Dios. Nehemías decía: *"esté ahora atento tu oído y abierto tus ojos para oír la oración de tu siervo" (Nehemías 1:6).* Nuestra actitud será la fragancia de nuestra oración. El enemigo puede oler una oración que honre al Espíritu Santo, como también puede oler la oración llena de temor, inseguridad e incredulidad. Elevemos oraciones con poder y con fragancia de fe, fidelidad, confianza y honra a Dios. Cuando tenemos actitud de honra al Espíritu Santo, nuestras oraciones tendrán mayores resultados. Cuando vemos personas que tienen resultados en sus oraciones, nos preguntamos si Dios tiene hijos preferidos. Dios no tiene hijos preferidos; Dios tiene hijos que prefieren estar con Él.

> "DIOS NO TIENE HIJOS PREFERIDOS; DIOS TIENE HIJOS QUE PREFIERAN ESTAR CON EL"

LA VOZ DE DIOS

Nosotros somos el producto de la voz de Dios y por tal razón necesitamos depender de ella. Jesús dijo: *"No sólo de pan vivirá el hombre sino de toda palabra que sale de la boca de Dios" (Mateo 4:4).* Cuando la Palabra sale directamente de la boca de Dios contiene su aliento, eso la hace diferente a cuando la recibimos por medio de algún instrumento. El aliento de Dios produce en el hombre la vida, pasión, fuerza y fe para cumplirla. Es decir, cuando recibimos la palabra con su aliento recibimos la vida para cumplir esa palabra.

Por ejemplo, en momentos dados Dios habla a mi vida causando una revolución en todo mi ser. Comparto exactamente las mismas palabras a otros y la comprenden, pero en ellos no causa la misma revolución. La diferencia está en que Dios me habló directamente y he recibido el aliento con su voz produciendo todo lo que necesite para cumplirla. También lo he visto a la inversa. Otras personas vienen apasionadas para contarme lo que el Señor les ha dicho, la comprendo, pero no me entusiasmo como ellos. No es que no le dé la importancia que merece, es que escucho el eco de lo que Dios le dijo a otros en sus habitaciones.

Dios constantemente nos habla, dándonos una nueva palabra de revelación. Debemos desarrollar la capacidad de escucharlo. Nuestra intimidad con Él no gira sólo en nuestras expresiones hacia Él, Dios también se quiere comunicar. Una señal de que nuestra relación con Él va madurando es el afinamiento diario de nuestro oído espiritual. Nuestros sentidos comienzan a tener una reacción de alerta cuando Él va a hablar y esto llega a ser parte de un estilo de vida. Cada día debemos procurar madurar en nuestra relación con Dios para no dejar caer ninguna de sus palabras al suelo como lo hizo el profeta Samuel.

Antes de que el hombre fuera un ser viviente, Dios le habló y lo bendijo. Así nos hizo portadores de su palabra eterna. En Génesis vemos que el instrumento creativo que Dios utilizó una y otra vez fue su voz. Dios le habló al desorden y se corrigió. El poder de su voz creó los cielos, la tierra y los mares. Somos privilegiados: Dios ha confiado su palabra eterna en vasos de barro como nosotros.

PERMANECER EN EL HUERTO

Los primeros tres días de la creación Dios creó los espacios que luego llenó. Antes de Dios crear al hombre, creó un huerto y luego el hombre fue plantado en él. Dios se comunicaba con el hombre y el hombre con Dios. No había nada que se interpusiera entre Dios y el hombre. El huerto era el contexto de un encuentro continuo entre Dios y Adán. Fue el lugar de encuentro.

Prioridades

Adán nunca escogió el lugar donde fue plantado, lo hizo Dios. Cuando nacemos espiritualmente, el Señor nos planta en una congregación que ya había creado, para comunicarse con nosotros y nosotros con Él. No hay tal cosa como cristianos solitarios. Jesús fue bien claro cuando enseñó a orar a sus discípulos diciendo: *"Padre nuestro"* y no Padre mío. Porque un hijo de Dios debe pertenecer a un rebaño donde esté rodeado de hermanos plantados en un huerto espiritual.

Congregarnos es una prioridad. Debemos crecer en nuestro compromiso con Dios y con la iglesia local donde hemos sido plantados.

¡ALERTA!

Cuando hablamos de nuestra relación con Dios podemos tener un punto de referencia incorrecto. Debemos mantenernos bien enfocados y no confundir la relación con Dios, con nuestro desempeño en el reino de Dios o "vida ministerial". Cuando consideramos que lo que hacemos para Dios es igual o incluso más importante que nuestra relación con Él, ponemos en riesgo nuestra vida espiritual y relaciones familiares. La base de nuestra relación con Dios está en lo secreto de nuestra habitación y Él que nos ve en lo secreto, nos recompensará en público. No hay nada ni nadie que pueda remplazar nuestra relación con Dios. No podemos construir un reino sin conocer al Rey.

REFLEXIÓN
PERSONAL Y/O GRUPAL

¿En qué lugar he puesto al Señor?
¿En qué lugar nos encontramos?
¿Quién se está llevando lo mejor de nosotros?
¿Tenemos una relación con Dios o una relación madura con Dios?
¿Qué estamos haciendo para retener lo que recibimos de Dios?
¿Cuánto anhelamos estar con Él?

Prioridades

CAPÍTULO 3
MI VIDA FAMILIAR

"Y dijo Jehová Dios: no es bueno que el hombre esté solo; le haré ayuda idónea para él" (Génesis 2:18).

En el primer capítulo de Génesis podemos apreciar cómo el Señor crea los peces del mar, las aves del cielo, animales de la tierra, las bestias y serpientes para que se reprodujesen según su género. Todos los animales se podían reproducir ya que el Señor había dado la orden, creándolos a cada uno con sus respectivas parejas. Algo muy distinto ocurrió con el hombre. Dios dijo *"no es bueno que el hombre esté solo"*, pero le creó solo. Al ser creado solo, a diferencia de los animales, el hombre tiene añadido un propósito único. Él predomina en la creación. Las primeras palabras de Dios dirigidas al hombre fueron: *"Fructificad, multiplicaos..."*. El hombre fue creado para dar fruto en Dios antes de multiplicarse. El fruto del hombre era dar a conocer en el huerto el carácter y la vida de su Creador, o sea, hacer visible a un Dios invisible. Dios crea al hombre para estar con él y una vez que Adán se relacionara con Dios le sería añadida su ayuda idónea. Dios establece por medio de este principio en Adán que la prioridad del hombre es Él y

Prioridades

luego su ayuda idónea.

La relación de Adán con Dios fue la plataforma que Dios estableció para instituir la familia. Tomando el modelo de la creación, la familia se integra como la segunda prioridad del hombre. *"Por tanto, dejará el hombre a su padre y su madre, y se unirá a su mujer, y serán una sola carne" (Génesis 2:24).* En el momento que una persona decide entrar en la relación del pacto matrimonial se invierten prioridades en su vida y es de suma importancia conocerlas para evitar catástrofes matrimoniales. Dejar a madre y padre es un proceso que les costará más a unos que a otros. En el proceso nos vamos independizando de nuestros padres para iniciar nuestra propia familia. No es saludable continuar dependiendo de nuestros padres cuando ya hemos entrado en una relación de pacto matrimonial. *La Palabra de Dios quiere decir: "Por tanto el hombre dejará de depender de su padre y su madre, de la casa, de las finanzas, de las decisiones y administración del hogar e iniciará con su mujer una nueva familia siendo uno en todo".* Este verso se aplica al hombre como a la mujer. Esto no quiere decir que no recibamos algún regalo de nuestros padres, sino el no crear dependencia de ellos y mucho menos caer en exigencias cuando no forma parte de su responsabilidad prioritaria. Si no contamos con una ayuda y alguien se mueve a ayudarnos, esto será un bono extra a lo presupuestado.

> "UNA BUENA RELACIÓN CON DIOS Y CON NUESTRO CÓNYUGE PERMITIRÁ A LOS HIJOS CRECER EN UN AMBIENTE SALUDABLE"

La segunda prioridad del hombre es su cónyuge y luego se expande hacia los hijos. Muchas veces tenemos un compromiso mayor con nuestros hijos que con nuestro cónyuge. El tener una buena relación con nuestros hijos no garantiza un matrimonio saludable, pero una buena relación con Dios y con nuestro cónyuge permitirá a los hijos crecer en un ambiente saludable. Nuestro cónyuge es la persona más importante sobre la tierra después de Dios.

El pacto va más allá de un compromiso

Existen ciertos ingredientes que pueden tomar nuestras relaciones y elevarlas a un nivel de madurez que nos puede distinguir de los demás. Uno de esos ingredientes lo es "La honra". La honra nos lleva a admirarnos el uno al otro y a sentirnos admirado por la persona con la que pasaremos el resto de nuestra vida. Cuando en la relación está la honra presente, desaparecen muchos términos descalificadores, acusadores y que dividen. En cambio, la admiración por la otra persona nos lleva a utilizar términos que sumen, afirmen y aporten a nuestra pareja. La honra y la admiración por nuestra pareja debilita el orgullo y el egoísmo que son dos gigantes que van contra el matrimonio. Otro beneficio de la honra lo es la extensión de vida y todo lo que conlleva. La Palabra de Dios declara que la honra a padre y madre alargará nuestros días; porque recompensa de la honra lo es la vida. Si honramos a nuestro cónyuge, se extenderán los días en el matrimonio y seremos preservados por Dios. Existen matrimonios que se aman, pero se separan porque el amor se opacó y no hubo admiración ni honra que renovara el amor.

Cuando una pareja se une y lo único que tiene es compromiso ponemos en riesgo la relación. Las relaciones sostenidas con un compromiso se pueden debilitar cuando hay cambios corporales, económicos, emocionales, de salud y de intereses. Un ejemplo de esto son las personas que se casan, pero tienen una habitación en casa de sus padres por si las cosas no salen como esperaban. Otros se casan con un *plan B* totalmente diseñado; dividen los bienes antes de casarse y de tener algún altercado.

Prioridades

Podemos elevar nuestra relación de compromiso a un pacto matrimonial. Cuando uno establece un pacto matrimonial lo hace con Dios y con nuestro cónyuge. El pacto matrimonial no es un trámite legal, no es solo una promesa, ni un compromiso y mucho menos "unos simples papeles". El pacto matrimonial es el rango más elevado y más honroso que puedas tener. Es donde ambos renuncian a sus vidas para unirse y ser una sola persona. Es donde cambiamos el "yo" por nosotros y "mis" sueños por los nuestros.

El pacto matrimonial logra dar una gran estabilidad en la pareja y en los hijos. En el pacto no jugamos al estar juntos ni en la incertidumbre de que alguno de los dos se marche en medio de las vicisitudes de la vida. Tampoco se especula la posibilidad de ser infieles. Cuando decidimos vivir en pacto, damos por hecho que permaneceremos juntos no importa lo que ocurra. Los hijos crecen en la seguridad de que papá y mamá estarán ahí porque existe un pacto con Dios que los sostiene. Pueden venir tentaciones, dificultades, enfermedades o escasez y la casa no caerá porque está fundada sobre el pacto.

En medio de pequeños malos entendidos que ocurren en el matrimonio que opacan el gran amor que existe, debemos detenernos y no darle más importancia de la que merecen. Por qué enojarnos por pequeñeces si estaremos juntos toda la vida. La relación de pacto nos ayuda a pasar por alto los pequeños detalles y disfrutarnos el uno al otro.

Cuando mi esposa y yo éramos novios ella me preguntaba: "¿Me amas?". Y le contestaba con una sonrisa: "¡Sí!". Sin darse cuenta a los diez minutos me repetía la misma pregunta y nuevamente le contestaba con una sonrisa: "¡Sí!". Después de diez minutos más me hacía la misma pregunta y mi contestación fue la misma y así sucesivamente hasta que me pregunté: ¿Será que no me cree? Y le dije: "Yo te amo y te amaré toda la vida. Estés como estés. No por lo que puedas tener o como te veas, te amo por el simple hecho de que eres tú. Nos casaremos en el tiempo correcto y si tomas unas libras de más te seguiré amando y aunque Dios no quiera, pero si en algún momento de tu vida llegaras a ocupar una silla de ruedas quiero que sepas que yo estaré ahí porque no eres un pedazo de carne eres mi novia y serás mi esposa". El semblante de ella cambió y nunca más me repitió la pregunta de esa manera. Necesitamos ser afirmados en el pacto.

Cuando hacemos pacto ante Dios y ante los hombres no hay vuelta atrás. Por tal razón necesitamos escoger bien con quién establecer una relación de noviazgo. Porque todo comienza ahí. El principio de la honra, la admiración y el respeto debe de estar presente desde antes de una relación de noviazgo. Muchos creen que al casarse los problemas se esparcirán y es lo contrario se acentúan todas las actitudes, los comportamientos y los hábitos sin resolver. Escojamos mejor aunque esperemos un poco más.

Solo estar presente

Al acercarse la fecha del primer cumpleaños de nuestra hija mayor me llegó una invitación para ministrar en un evento. Cuando miré la fecha tuve una lucha interior porque era el primer cumpleaños de mi hija y era un evento atractivo para ministrar. Consulté con mi esposa y con el Señor y tomé la decisión final. Quería que el primer rostro que mi hija viera fuera el mío, no quería aparecer como un invitado. Aunque ella no registrara ese momento en su memoria, sí lo registraría en su vida emocional y relacional conmigo. El rango más alto que uno puede tener en la vida es el de "padre", como Dios, que se revela a nosotros como "Padre". El ministerio para mí es un llamado honroso, pero sé que en algún momento dado otros tomarán el manto y el legado ministerial, pero en mi casa nadie ocupará mi lugar. Podemos predicar el Evangelio del Reino sin que interfiera con nuestro primer ministerio que es nuestra familia.

Los momentos especiales de mi esposa se convierten en los míos, solo porque le interesan a ella. En la mayoría de esos momentos especiales no hacemos nada "solo estamos ahí"; estar en el lugar que nos corresponde aunque no hagamos nada es de suma importancia. La presencia de un esposo y padre en un parto es inigualable e inolvidable aunque no haya hecho nada. Lo mismo en las graduaciones, los cumpleaños, los aniversarios de bodas u otros logros significativos. No solo en los momentos de alegría sino en los de dolor, enfermedades, pérdidas, traiciones, frustraciones y heridas emocionales también debemos estar presentes. Posiblemente no podamos evitar los acontecimientos, pero estamos ahí. Al estar presente podemos consolar, levantar, sanar y restaurar a nuestro cónyuge y a nuestros hijos. Dios fundó la familia primero que la sociedad, la religión, la iglesia y al mismo pueblo de Israel. Defendamos nuestros matrimonios e hijos. Defendamos la familia.

La familia es una gran bendición de Dios

En nuestra trayectoria ministerial hemos visto una y otra vez el poder transformador de Dios. Ese es nuestro deseo, ver personas y familias siendo impactadas por el poder del Espíritu Santo. Pero hay una pasión mayor en nosotros y es que nuestros hijos amen con toda su vida a Dios. Que puedan madurar su relación con Dios creando una dependencia de Él. Para mí sería frustrante ganar a multitudes y que los hijos que Dios me confió se pierdan. Mi familia es una prioridad para Dios y para mí. Creo que somos responsables de la eternidad de nuestros hijos. Debemos de ser más intencionales en bendecir un regalo de Dios como lo es, nuestra familia. Una gran pregunta que nos hará reflexionar sería: *"¿Quién se está llevando lo mejor de mí?"*. No permitas que el trabajo, el dinero, el ministerio o las amistades se roben el tiempo que debieras dedicar a tu cónyuge y a tus hijos.

La voluntad de Dios preserva la familia

Cuando establecemos bien las prioridades en el orden de Dios, nuestra familia es bendecida. Las relaciones familiares nos ayudan a comprender y perfeccionar nuestra relación con Dios y una buena relación con Dios formará positivamente a nuestra familia.

Da lástima ver niños recibiendo cosas materiales cuando lo que necesitan es ser escuchados o abrazados. Al pasar el tiempo el dinero se gasta y los hijos siguen desarrollándose y con ellos todo lo que hemos sembrado en sus vidas. Esto también puede ocurrir en personas dedicadas al ministerio del Señor. Personalmente he escuchado a predicadores de mucha influencia decir que han sacrificado por el servicio a Dios los momentos más importantes en su familia, dándole a esto un enfoque positivo. No podemos delegar ni abandonar nuestras responsabilidades familiares poniéndoles un vestido de fe y obediencia. Que nuestra familia no sea el precio de nuestro éxito.

Un pastor llegó a su casa más temprano de lo normal y en la casa se encontraba su hija. La hija aprovecha la presencia de su padre y le dice que se compró un vestido y que se lo probará para que él la vea. En el momento en que está en su habitación cambiándose de ropa, su padre recibe una llamada de unos líderes de la iglesia desesperados porque tenían conflicto de pareja. El pastor se olvida de su hija sale apresuradamente a socorrer a este matrimonio. Cuando su hija sale ilusionada con aquel vestido y no ve a su padre decide llamarlo por teléfono. El padre le comunica la gravedad del asunto. Este evento se suma a muchas experiencias similares donde la joven quedó desatendida por su padre. Al pasar el tiempo esta joven se alejó de Dios y de su familia y la pareja de líderes terminó traicionando la confianza del pastor y siendo responsables de una división en la iglesia.

La Palabra de Dios nos enseña un principio de gobierno familiar por encima del gobierno ministerial: *"... pues el que no sabe gobernar bien su propia casa, ¿Cómo cuidará de la iglesia de Dios?" (1 Timoteo 3:5)*. Con nuestras acciones transmitimos a nuestra familia dos tipos de mensajes, ya sea el amor de primicias o de amor que sobra. Nuestros hijos no escuchan el mensaje verbal, sino el mensaje del ejemplo. Cierran el oído para el consejo, pero abren sus ojos para el ejemplo. Dios habló más de bendecir familias que de bendecir ministerios, ya que los ministerios están compuestos por miembros de familias. *"Será tu descendencia como el polvo de la tierra, y te extenderás al occidente, al oriente, al norte y al sur; y todas las familias de la tierra serán benditas en ti y en tu simiente" (Génesis 28:14)*.

"CIERRAN EL OIDO PARA EL CONSEJO PERO ABREN SUS OJOS PARA EL EJEMPLO".

Principio de Jetro

Sin duda alguna Moisés marcó la historia de Israel al ser instrumento de Dios para liberar al pueblo de su cautividad en Egipto. En la actualidad sigue siendo un modelo de pastor así como de libertad, persistencia y liderazgo. Aún el Nuevo Testamento resalta la fe de Moisés y la expone a la Iglesia como un modelo a seguir. Moisés lo dio todo para sacar al pueblo de la cautividad. Es por tal razón que se habla tan poco de su esposa Séfora y de sus hijos Gerson y Eliezer. Todo giró en una sola dirección. Los nombres de los hijos de Moisés no marcaban una identidad propia, sino que registraban el proceso que se encontraba en ese momento.

Mi vida familiar

"Y Jetro el suegro de Moisés, con los hijos y la mujer de éste, vino a Moisés en el desierto, donde se encontraban acampando junto al monte de Dios; y dijo a Moisés: Yo tu suegro Jetro vengo a ti, con tu mujer, y sus dos hijos con ella. Y Moisés salió a recibir a su suegro..." (Éxodo 18:5-7). Jetro buscó a la familia de Moisés para que estén juntos. Moisés comienza a relatar lo que Dios ha hecho en medio del pueblo, sin dar oportunidad a otros de intervenir. Pero su suegro aprovecha para hablar cuando Moisés está extenuado a causa del pueblo: *"No está bien lo que haces. Desfallecerás del todo, tú, y también este pueblo que está contigo; porque el trabajo es demasiado pesado para ti; no podrás hacerlo tú solo. Oye ahora mi voz; yo te aconsejaré..." (Éxodo 18:17-19).* Jetro le enseñó un principio de estructuración y delegación de autoridad. Este principio fue revelado a Moisés para consolidar su tiempo, tareas y fuerzas. Este consejo vino de Dios a través de Jetro.

> "QUE NUESTRA FAMILIA NO SEA EL PRECIO DE NUSTRO ÉXITO"

El estar extenuados no forma parte del propósito de Dios para nuestra vida, ni para nuestra familia. Debemos de procurar estar fortalecidos integralmente para ser eficientes en todo. El principio de Jetro es una estrategia de Dios para preservar la familia en medio de nuestra vida laboral y ministerial. Debemos crecer en la capacidad de administrar nuestras responsabilidades, tareas, tiempo y esfuerzos para velar e invertir en nuestra relación con Dios y nuestra familia. Podemos ser excelentes en nuestra relación con Dios, vida familiar y en todo lo que emprendamos.

"Tu mujer será como vid que lleva fruto a los lados de tu casa; tus hijos como plantas de olivo alrededor de tu mesa. He aquí que así será bendecido el hombre que teme a Jehová" (Salmos 128:3-4).

Prioridades

Jóvenes

Dios tiene un plan extraordinario con la juventud de hoy. Esta generación carga un depósito divino que aún se está desarrollando y que será el catalítico del avivamiento final. Elizabeth y María se encontraban embarazadas, lo que fue un acontecimiento profético, y al abrazarse fueron estremecidas por el Espíritu Santo. Ellas representan la unión de dos generaciones con un depósito divino. Cueste lo que nos cueste debemos de abrazar la unción de la generación anterior para experimentar una detonación espiritual. El profeta Malaquías profetiza el día grande y describe esta unión de la siguiente manera: *"El hará volver el corazón de los padres hacia los hijos, y el corazón de los hijos hacia los padres"...* (Malaquías 4:6). Es decir, la reconciliación de padres e hijos.

> "DEBEMOS DE ABRAZAR LA UNCIÓN DE LA GENERACIÓN ANTERIOR PARA EXPERIMENTAR UNA DETONACIÓN ESPIRITUAL"

El contexto de la reconciliación de padres e hijos se encuentra en el perdón continuo. Debemos desarrollar la capacidad de pedir perdón y de perdonar. Si para una persona adulta no es fácil pasar por un proceso de divorcio, pensemos en los jóvenes que tienen que aceptar decisiones radicales como un divorcio, sin comprender la mayoría de las veces por qué sus padres han tomado esa decisión. Otros hijos tienen que sentir el efecto de la decisión de padres que colocan el trabajo en primer lugar. La mayoría de las veces, el efecto llega antes que una explicación. Como dice el dicho: *tan cerca y tan lejos*. Reflexionemos sobre cómo unir ambas generaciones en este tiempo, con un corazón alineado con Dios.

La segunda prioridad para un joven son los padres. La Palabra de Dios nos enseña que debemos honrar a nuestros padres independientemente de cuál sea su comportamiento hacia

Mi vida familiar

nosotros para que nuestros días sean alargados. Es decir que hay una promesa de extensión de días para todos los que permanecen honrando a sus padres.

"Después comenzó Noé a labrar la tierra, y plantó una viña; y bebió del vino, y se embriagó, y estaba descubierto en medio de su tienda. Y Cam, padre de Canaán, vio la desnudez de su padre, y lo dijo a sus dos hermanos que estaban afuera. Entonces Sem y Jafet tomaron la ropa, y la pusieron sobre sus propios hombros, y andando hacia atrás, cubrieron la desnudez de su padre, teniendo vueltos sus rostros, y así no vieron la desnudez de su padre. Y despertó Noé de su embriaguez, y supo lo que le había hecho su hijo más joven, y dijo: Maldito sea Canaán; Siervo de siervos será a sus hermanos. Dijo más: Bendito por Jehová mi Dios sea Sem, y sea Canaán su siervo. Engrandezca Dios a Jafet, y habite en las tiendas de Sem, y sea Canaán su siervo" (Génesis 9:20-27).

Noé fue un siervo de Dios que pudo hallar gracia ante sus ojos. Él luchó arduamente para construir el arca que preservaría su vida y la de su familia durante el Diluvio. Una de las motivaciones de Noé para construir el arca fueron sus hijos. Definitivamente, su sacrificio no fue en vano porque su familia fue la única que sobrevivió al Diluvio.

Al salir del arca, Noé se descuida y se embriaga quedando desnudo en su tienda. El padre ejemplar se encuentra en un escenario bastante comprometedor y ahora sus hijos tienen que reaccionar ante esta situación.

Dos tipos de reacciones ante los errores de nuestros padres

1. Reacción de Cam
Cam era el más joven de los hijos de Noé y la inmadurez se refleja en su reacción. Es la persona que ve la falta de los padres y la da a conocer a los demás con cierto aire de burla y menosprecio que

Prioridades

nos llevarán a la miseria espiritual y días acortados.

2. Reacción de Jafet y Sem
Esta reacción refleja un nivel mayor de madurez. Ellos tomaron las ropas de su padre y comenzaron a caminar de espaldas para cubrirlo sin ver su desnudez. Las ropas representan el amor que cubre multitudes de faltas. El caminar de espaldas representa tener una actitud espiritual haciendo la diferencia con los demás jóvenes, "ser diferente". La recompensa para estos hijos, cuando Noé despertó, fue de bendición y de expansión. Hay un tiempo de recompensa para aquellos que deciden caminar de espaldas.

> "NO TENEMOS EL CONTROL DE LO QUE OCURRE, PERO SI DE NUESTRAS ACTITUDES"

Definitivamente no tenemos el control de lo que ocurre, pero sí de nuestras actitudes o reacciones ante lo que ocurre. Debemos cubrir los errores continuamente y no almacenarlos para tener el derecho de estallar en cualquier momento.

Estoy enamorado...

Cuando un joven se enamora muchas cosas comienzan a cambiar. La forma y el tiempo de hablar por teléfono, la vestimenta, los amigos, los intereses, las prioridades familiares, etc. Debemos tener cuidado cuando entramos en el compromiso de noviazgo. Debemos velar por mantener saludable nuestra relación con nuestros padres. En muchas ocasiones descuidamos y hasta podemos menospreciar esta relación que es una prioridad en nuestras vidas. En el momento en que entremos en el pacto matrimonial cambiarán las prioridades. La honra matrimonial se inicia con la honra a nuestros padres.

La honra a nuestros padres va por encima de cualquier relación de amistad o de noviazgo que podamos tener. Muchas veces experimentamos una separación emocional viviendo bajo el mismo techo. Debemos de velar celosamente nuestra relación familiar y no permitir—en la medida en que esté en nuestras manos—que las relaciones, los estudios, el trabajo, los juegos e incluso hasta el ministerio, nos aleje de nuestros padres.

REFLEXIÓN
PERSONAL Y/O GRUPAL

¿En qué lugar he puesto al Señor?
¿En qué lugar nos encontramos?
¿Quién se está llevando lo mejor de nosotros?
¿Tenemos una relación con Dios o una relación madura con Dios?
¿Qué estamos haciendo para retener lo que recibimos de Dios?
¿Cuánto anhelamos estar con Él?

_____
_____
_____
_____
_____
_____
_____
_____
_____
_____
_____
_____
_____
_____
_____
_____
_____
_____

Prioridades

CAPITULO 4
VIDA MINISTERIAL

"No ruego que los quites del mundo, sino que los guardes del mal. No son del mundo, como tampoco yo soy del mundo" (Juan 17:15-16).

Existe una gran realidad: "nosotros no somos de este mundo". Toda la humanidad estaba en Adán y al pecar él, todos pecamos y fuimos expulsados del Edén. Adán no fue diseñado ni formado para estar fuera del huerto ni fuera de la presencia de Dios. Tampoco nosotros. El ser humano ha sido diseñado para estar en la presencia de Dios.

Nuestro cuerpo no fue diseñado para vivir debajo del agua. Podemos estar sumergidos unos segundos o varios minutos, dependiendo de la resistencia y la preparación de cada persona. Para permanecer más tiempo bajo el agua debemos recurrir a un tanque de oxígeno. De igual manera ocurre en nuestra vida. Hemos sido diseñados para estar en la presencia de Dios y nos encontramos en este lugar llamado mundo. Por tal razón es que nos enfermamos, deprimimos, cansamos, desanimamos y morimos. Simplemente sobrevivimos hasta la llegada de Jesús al

Prioridades

mundo.

Jesús se acercó a personas vivas diciendo: *"He venido para que tengan vida y la tengan en abundancia".* Cristo vino a traer el oxígeno con la presencia del Padre, para vivir en abundancia. Para poder vivir en este mundo tenemos que recurrir a su presencia. El Padre envió a su hijo para pagar el precio de nuestra libertad y rescatarnos a fin de poder regresar al Padre. Cuando regresemos ante su presencia, entonces estaremos en nuestro hábitat.

Imagínate una ballena que nace en un estanque de "Sea World". Todo lo que conoce es su estanque, aunque fue diseñada para habitar en los mares y en los océanos. No anhelará ir al mar porque no conoce otra cosa y vive tristemente realizando espectáculos para la gente. Nosotros hemos nacido en un estanque llamado "mundo". No conocemos el misterio de los mares y los océanos. Nuestro conocimiento se limita a nuestro estanque. No nos damos cuenta que somos hijos del Rey y que formamos una parte muy importante de su reino. ¿Cuándo nos daremos cuenta que hemos nacido en medio de una guerra y en un campo de batalla llamado mundo? ¡No somos de este mundo! Tenemos una ciudadanía celestial.

La historia de un misionero

Un misionero que estuvo en una aldea del continente africano por veinte años, realizando un excelente trabajo en el reino de Dios, regresa a su país natal. Al llegar el barco al puerto, ve a lo lejos globos por doquier, orquestas sonoras, una enorme alfombra roja y una gran multitud de personas esperando y festejando. Cuando el misionero desciende se percata de que en el mismo barco viajaba el presidente de esa nación. Llegando al lugar donde debían recogerlo, no encuentra a nadie: se habían olvidado de él. Toma un taxi cuestionándole a Dios el porqué de lo acontecido,

Vida ministerial

después de tanto sacrificio y servicio. Entonces Dios dulcemente le contesta: "Al presidente de la nación lo recibieron con un gran festejo porque llegó a su hogar, pero tú todavía no has llegado al tuyo. El día que llegues, yo te recibiré y haré una gran fiesta porque uno de mis hijos ha llegado a la casa del Padre". ¡Gloria a Dios!

El tiempo que vivamos en este mundo no es comparable a la eternidad que nos aguarda. Debemos desarrollar una mentalidad clara, con el pleno conocimiento de lo que es la eternidad. Cuando esto ocurre, somos transformados a otro estilo de vida. Cambia nuestra relación con Dios, vida familiar y ministerial, toma de decisiones, distribución del tiempo, metas y planificaciones. Todo pasa a un segundo plano cuando descubrimos que en este mundo estamos de paso.

> "EN ESTE MUNDO ESTAMOS DE PASO"

"Hagamos tesoros en los cielos donde la polilla ni el orín corrompen, y donde los ladrones no pueden hurtar" (Mateo 6:20). Todo lo que obtengamos se quedará en este mundo, pero todo lo que soltemos a causa de Cristo será registrada en el reino de Dios. Para hacer tesoros en el cielo debemos estar en la tierra. Nuevamente hacemos la pregunta: ¿Quién se está llevando lo mejor de nosotros? No podemos seguir los bienes materiales, sino que tendremos éstos en la medida en que sigamos a Cristo.

> "PARA HACER TESOROS EN EL CIELO DEBEMOS ESTAR EN LA TIERRA"

Algo más que este mundo

"Conforme a la fe murieron todos éstos sin haber recibido lo prometido, sino mirándolo de lejos, y creyéndolo, y saludándolo, y confesando que eran extranjeros y peregrinos en la tierra. Porque los que esto dicen, claramente dan a entender que buscan una patria; pues si hubiesen

Prioridades

---

estado pensando en aquella de donde salieron, ciertamente tenían tiempo de volver. Pero anhelaban una mejor, esto es, celestial; por lo cual Dios no se avergüenza de llamarse Dios de ellos; porque les ha preparado una ciudad" (Hebreos 11:13-16).

Hay un común denominador entre los hombres de fe que registra la Palabra de Dios. Ellos confesaban, actuaban y se comportaban como extranjeros y peregrinos. Su manera de operar era muy diferente a las personas de este mundo. Anhelaban algo más. Algo del cielo. Esto era así debido a que poseían la conciencia de una ciudadanía celestial y una mentalidad bien centrada en la eternidad. Cuando Dios ve gente que camina en la tierra sin aferrarse a las cosas terrenales, no se avergüenza de llamarse su Dios. No es lo mismo decir que somos hijos de Dios a que el Señor diga: Yo soy su Dios.

> "DEBEMOS PROCURAR CRECER EN SERVICIO"

Ahora es un buen tiempo para reenfocarnos en el Señor y desprendernos de lo material, terrenal y temporal. Tenemos que poner nuestra mirada en el cielo y vivir nuestra vida dedicada por completo a Dios. Cada día debemos procurar crecer en servicio para el reino de Dios, aquí en la tierra.

Mi verdadera identidad en lo que hago

La identidad de hijo marcará lo que somos y lo que hacemos en Dios. La identidad de hijo está en lo que Dios hizo, en su adopción y en su amor incondicional. Debemos evitar la mentalidad de siervo. Si tenemos ésta, nuestra identidad estará basada en lo que hacemos y no en lo que somos en Él. La mentalidad de siervo perderá sentido y propósito el día que no hagamos nada. Cuando no estemos ministrando decaeremos porque hemos desarrollado esa falsa identidad. Tampoco podemos desarrollar una mentalidad basada en lo que tenemos, porque el día que dejemos de tener o

Vida ministerial

nos dejen de seguir, perderemos dirección y sentido. Tengamos o no tengamos, hagamos o no hagamos, seguimos teniendo valor en Dios. No es por lo que tenemos, ni por lo que hacemos, ni aún por quiénes somos, sino de quién somos.

> "LA PRIORIDAD DE LA IGLESIA ES CONTINUAR EL MINISTERIO QUE CRISTO INICIÓ EN LA TIERRA"

Dios es quien nos da el valor, independientemente de todo lo demás. Al procurar estar cerca de Él, haremos grandes cosas en su nombre.

Él cumplirá su propósito en nosotros

Dios nos ha tomado y rescatado de las tinieblas a su luz, para que transformemos este mundo. La Palabra de Dios nos revela el corazón ardiente del Señor por las vidas que aún no le conocen. Su amor por nosotros lo hizo descender a este mundo con el propósito de rescatarnos.

> "NO SE TRATA DE HACER MUCHO... SE TRATA DE HACER LO QUE ÉL QUIERE""

La prioridad de la Iglesia es continuar el ministerio que Cristo inició en la tierra. Esto es, reconciliar al mundo con Dios. El apóstol Pablo deja saber a la Iglesia de Corinto que Cristo nos dio el ministerio de la reconciliación. El ministerio de la Gran Comisión es una plataforma y base para los demás ministerios. Podemos desarrollar muchos y no cumplir la gran comisión. Puede parecer que "no estamos haciendo mucho", pero no se trata de hacer mucho, incluso hasta desgastarnos. Se trata de hacer lo que Él quiere. No es nuestro propósito, es su propósito en nosotros.

Sostenidos por Dios

Recuerdo cuando el Señor nos llamó a una misión en España siendo muy jóvenes. Teníamos una pasión muy grande por Él y por las vidas que no le conocían. Por nuestra pasión nos podíamos lanzar, pero ¿era la voluntad de Dios? Y si era la voluntad de Dios, ¿sería el tiempo? Fueron preguntas claves en ese momento. Preguntas que Dios contestó una y otra vez. Todos los días y en cada lugar donde estábamos Él nos hablaba. Esto creó una certeza tan fuerte en nuestra fe que no teníamos la más mínima duda de lo que íbamos a realizar y fuimos enviados a España. Al cabo de dos años de estar en España, surgió cierto desánimo, porque aunque hubo buenos resultados, no fueron igual a nuestras expectativas. Ese momento era el ideal para abandonar la misión, para buscar a quién responsabilizar por ello. ¡Pero no! La certeza de su llamado al inicio guardó nuestros corazones con la paz y absoluta seguridad de estar en la voluntad de Dios, en el tiempo correcto.

El que anhela un ministerio debe agarrarse fuerte de Aquél que lo llamó al mismo y no del ministerio. Cuando Dios nos llama no podemos apoyarnos en las personas que están cerca de nosotros, ni tampoco en el mismo ministerio. Él nos llamó, Él nos sostendrá. *"El mismo que inició la obra en nosotros, la perfeccionará hasta que el día sea perfecto" (Filipenses 1:6).*

Lo que hago refleja quien soy

El Señor trabaja primeramente en nuestro corazón y luego en la futura obra de nuestras manos. Recordemos que Dios está más interesado en lo que somos que en lo que podemos hacer. Jesús nos enseñó que nuestro Padre celestial lo ve todo y cuando estamos en nuestra habitación con la puerta cerrada, *"Él está ahí y nuestro Padre que está en lo secreto nos recompensará en público"*

Vida ministerial

(Mateo 6:6). Nuestra vida en público y en el ministerio es el reflejo de lo que hacemos y lo que somos en privado. Si no entendemos este principio básico, trataremos de cambiar y manipular nuestra vida pública sin que haya pasado nada en la privada.

"Le dijo además Jehová: Mete ahora tu mano en tu seno. Y él metió su mano en su seno; y cuando la sacó, he aquí que su mano estaba leprosa como la nieve. Y dijo: vuelve a meter tu mano en tu seno, y al sacarla de nuevo del seno, he aquí que se había vuelto como la otra carne" (Éxodo 4:6-7).

Cuando Dios estaba instruyendo a Moisés le dio principios que lo guiaron a la tierra prometida. En otras palabras, Dios le estaba diciendo a Moisés que si su corazón estaba leproso, todo lo que hiciera también estaría contagiado con la lepra. Si tu corazón está sano, todo lo que hagas tendrá sanidad. Procuremos con diligencia la sanidad interna, para traer medicina al resto del cuerpo que tanto lo necesita. Somos personas llamadas a edificar el Cuerpo de Cristo. El ministerio publicará tarde o temprano nuestra verdadera vida en Dios. Hagamos del ministerio un lugar de avivamiento y de manifestación de la gloria de Dios. Que donde estemos puestos por Dios instemos a las personas a tener mayor intimidad con el Espíritu Santo y de esa manera, cambiaremos atmósferas.

Creciendo en el ministerio

"Y si en lo ajeno no fuisteis fieles, ¿Quién os dará lo que es vuestro?" (Lucas 16:12).

Nuestra forma de servir con lo ajeno determinará lo que es nuestro. Hay algo nuestro escondido en lo de otro. Para que el manto de Eliseo cayera sobre él, primero tuvo que ser fiel con el manto de Elías en servicio. Dios ha puesto el ministerio y la doble

Prioridades

porción sobre nuestro padre espiritual. La lealtad, la fidelidad y el servicio con excelencia a este, harán que Dios nos regale un manto del cielo. El servicio en el llamado de otros desatará el nuestro. Mostrar fidelidad en momentos de gloria es normal, pero siendo fiel en los momentos de desánimo, confusión y equivocación, hará que en nosotros se multipliquen los dones y talentos que estamos administrando.

Había alquilado una casa por seis meses hasta tanto me entregaran la casa que estaba comprando en esos momentos. Esta vivienda necesitaba pintura y también un pequeño jardín. Como no iba a estar mucho tiempo allí, no la pinté ni le hice el jardín, esperando que me entregaran mi casa. El proceso de construcción comenzó a demorarse mucho y no me explicaba la razón de esto. Medité en este pasaje bíblico y pinté la casa y le hice un lindo jardín. En ese mismo mes Dios resolvió todo. Para crecer en el ministerio debemos crecer en fidelidad hacia otros ministerios, nuestros pastores y líderes espirituales. De igual manera, si en términos económicos mostramos la fidelidad en lo que no nos pertenece—diezmo—, Dios resolverá todo según su voluntad.

Honremos a nuestro padre espiritual

En momentos determinados, a lo largo de nuestra vida cristiana, nos encontraremos con personas claves que nos ayudarán y guiarán al próximo lugar, porque Dios los pone y los pondrá a nuestro lado para encaminarnos. Muchas de las personas que el Señor acerca a nuestra vida son para ayudarnos sólo por un momento. En cambio hay otras personas que Dios acerca con la intención de impartir un conocimiento y un nuevo estilo de vida en Él. Aunque tengamos varios líderes que queramos imitar por su testimonio y fruto en el Señor, ellos no podrán sustituir al padre espiritual que Dios ha puesto en nuestra vida. En él encuentras algo que otros ministros no pueden darte, porque

Dios le escogió para formarte y bendecirte.

En la mayoría de los casos, este líder no resulta tan atractivo porque es la persona que nos corrige, enseña, confronta y está junto a nosotros. Es el pastor o apóstol de la iglesia en la que Dios te plantó. Nuestro padre espiritual es una persona común con un conocimiento de Dios para nosotros. En muchas ocasiones queremos honrar a ministros que salen en los medios de comunicación, o los "predicadores de luna de miel", estos son los que van a la iglesia solo un fin de semana, resumen todo lo que el pastor ha dicho durante el año y los fieles reaccionan como si fuera la primera vez que lo han escuchado.

> "NUESTRO FUTURO MINISTERIAL ESTÁ EN NUESTRO PADRE Y AFLORARÁ EN LA MEDIDA QUE NOS ACERQUEMOS Y LE HONREMOS"

Nuestro futuro ministerial está en nuestro padre espiritual y aflorará en la medida en que nos acerquemos y le honremos. Existen tesoros que se encuentran en lugares comunes como lo ilustra el apóstol Pablo escribiendo: *"Pero tenemos este tesoro en vaso de barro, para que la excelencia del poder sea de Dios, y no de nosotros..."* (2 Corintios 4:7).

REFLEXIÓN
PERSONAL Y/O GRUPAL

¿Estamos actuando como seres eternos?
¿Estamos haciendo tesoros en la tierra o tesoros en el cielo?
¿Tenemos una visión de extranjero y peregrino?
¿Tenemos claro nuestra verdadera identidad?
¿Estamos preparados para que la gente conozca nuestro corazón?
¿Honramos a nuestro padre espiritual?
¿Cómo lo hacemos?
Hoy debemos crecer en honra y en servicio.

CAPÍTULO 5
EXCELENCIA LABORAL

"Y al hombre dijo: Por cuanto obedeciste la voz de tu mujer, y comiste del árbol de que te mandé diciendo: No comerás de él; maldita será la tierra por tu causa; con dolor comerás de ella todos los días de tu vida. Espinos y cardos te producirá, y comerás plantas del campo. Con el sudor de tu rostro comerás el pan hasta que vuelvas a la tierra, porque de ella fuiste tomado; pues polvo eres y al polvo volverás" (Génesis 3:17-19).

El hombre pecó y la maldición cayó sobre la tierra que le daba de comer. La tierra, al quedar maldita, comienza a tener dificultad para producir y el hombre debe esforzarse para que dé frutos. Dios le da el código a Adán para que la tierra produzca para él y su familia: "Pon esfuerzo en el trabajo que emprendas". Debemos considerar el trabajo como una prioridad establecida por Dios desde el huerto de Edén. Al ser una prioridad establecida por el Padre, sus hijos debemos destacarnos por realizar un trabajo excelente.

En algunas ocasiones, empresarios y gerentes cristianos se han

Prioridades

llevado un gran impacto negativo al emplear a otros cristianos. Lamentablemente, hay cristianos que oran por tener un empleo y cuando lo tienen no desean trabajar. Llegan tarde, quieren irse temprano, no demuestran su mejor desempeño ni la excelencia de Dios en sus vidas. Ante esto, el empresario se ve en la difícil situación de tener que prescindir de un empleado mediocre que se congrega en la misma iglesia que él. Antes de emplear a otro hermanito tendrá que pensarlo con detenimiento. Personalmente creo que los hijos de Dios debemos caracterizarnos por hacer un trabajo de excelencia, que incluso supere al de los demás. Y esto debe ser así no por competencia sino por testimonio de que en nuestra vida hay un depósito divino. La manera en que trabajamos puede dar un testimonio mayor que el de nuestras palabras. Podemos hacer visible a un Dios invisible para que los demás conozcan a nuestro Padre celestial. Un destacado predicador dijo lo siguiente: "Predica todo el tiempo y, si es necesario, utiliza palabras".

Hay un impresionante respaldo de Dios a la persona que se esfuerza y trabaja. Vemos en la Biblia que aquellos a los que Dios llamó al ministerio se encontraban trabajando. Mateo estaba en su mesa de trabajo, Pedro y Juan estaban pescando a la orilla del mar con su padre, Gedeón se encontraba sacudiendo el trigo, Eliseo estaba arando la tierra cuando le cayó el manto de su llamado profético... y así sucesivamente. Vemos entonces que Dios nos llama en medio de la realización del compromiso laboral. A los únicos que—a través de una parábola—el Señor llama en un momento en que no estaban trabajando son aquellos que a las seis de la mañana se encontraban en la plaza esperando ser empleados por algún señor (Mateo 20). Otros fueron contratados a las cinco de la tarde, cuando el trabajo terminaba a las seis de la tarde. Ahora bien, estos obreros fueron llamados una hora antes del final de la jornada y les pagaron igual que a los que comenzaron a las seis de la mañana. La gran pregunta es, ¿Qué hacían allí estos obreros

Excelencia laboral

a las cinco? Ellos estuvieron esperando toda la mañana y gran parte del día y no regresaron a sus casas. El señor de la viña honró el tiempo de espera por haber dispuesto su vida al trabajo. Este señor de la viña nos revela a nuestro Señor. Si en algún momento de nuestra vida nos quedamos sin empleo pero tenemos una gran disposición para trabajar, Dios honrará nuestra actitud de espera. Dios recompensa desde el momento que disponemos nuestro corazón. ¡Mejoremos nuestra actitud hacia el trabajo!

Excelencia para Dios

Para intentar definir qué es la excelencia, tomamos la siguiente ilustración: Un niño de cinco años toma una hoja de papel y un lápiz para escribir su nombre. Después que escribe su nombre, lo muestra a sus padres. Éstos, con gran contentamiento, le expresan que quedó excelente. Cinco años más tarde, ese mismo niño vuelve a escribir su nombre en un papel y de seguro que lo hace mucho mejor. No solo eso, también puede escribir un sinnúmero de palabras adicionales.

La excelencia es hacer las cosas de la mejor forma posible de acuerdo a nuestra capacidad. Al pasar el tiempo no podemos tener el mismo producto, sino que lo que hacemos debe ir mejorando en la medida que crecemos y maduramos. Debemos darle lo mejor de nosotros a Dios hoy. Mañana lo haremos mucho mejor que ayer y que hoy. La excelencia es estar comprometidos y enfocados en lo que estamos haciendo para hacerlo bien. No se trata de ser perfectos, se trata de dar lo mejor para Dios.

Valorar la honra del trabajo

En una ocasión se me acercó una persona con mucha ilusión para comunicarme "una gran noticia": *"Renuncié a mi trabajo para dedicarme al ministerio"*. Esta persona estaba muy ilusionada, pero

Prioridades

no tomó la mejor decisión. Al pasar varios meses le sobrevino una gran escasez y otras personas debieron ayudarlo a él y su familia. Al pasar los meses, estas personas ya no podían ayudarle de la misma manera. Aquella gran ilusión se convirtió en una gran escasez. Al ver a aquella familia sentíamos compasión, sobre todo por los hijos. Los padres se referían del ministerio como "un gran sacrificio" y "el precio que había que pagar para el Señor".

> "PODEMOS HACER VISIBLE A UN DIOS INVISIBLE PARA QUE LOS DEMÁS CONOZCAN NUESTRO PADRE CELESTIAL"

La realidad es que no podemos abandonar nuestro trabajo por el ministerio a menos que el Señor nos haga un llamado puntual. Tenemos que manejar bien las transiciones. El deseo de servir a Dios puede llevarnos a creer que Dios nos está llamando. También hay personas que disfrazan con fe la pereza y vagancia. En realidad, no quieren trabajar. El trabajo es una honra. Podemos honrar a Dios y a nuestra familia con el trabajo que realicemos. El apóstol Pablo fue aún más allá cuando le escribió a Timoteo lo siguiente: *"...si ninguno provee para los suyos, y mayormente para los de su casa, ha negado la fe, y es peor que un incrédulo"* (1 Timoteo 5:8). Estas palabras de Pablo son fuertes y van dirigidas a la persona creyente que no quiere trabajar. De esa persona dice que ha negado la fe y es peor que la persona que no ha conocido a Cristo.

> "PREDICA TODO EL TIEMPO, Y SI ES POSIBLE UTILIZA PALABRAS"

Amemos a Dios con todas nuestras fuerzas. Honremos a Dios y a nuestra familia por medio del fruto de nuestras manos.

"Cuando comieres el trabajo de tus manos, bienaventurado serás, y te irá bien. Tu mujer será como vid que lleva fruto a los lados de tu casa; tus hijos como plantas de olivo alrededor de tu mesa. He aquí que así

será bendecido el hombre que teme a Jehová" (Salmos 128:2-4).

Ensanchamiento

Y si en lo ajeno no fuisteis fieles, ¿Quién os dará lo que es vuestro? (Lucas 16:12).

En todas las parábolas de mayordomía encontradas en la Palabra de Dios no hay una pregunta como esta: *¿Quién os dará lo que es vuestro?* Esto nos revela que hay algo nuestro escondido en lo de otros y que a través de nuestra actitud y fidelidad nos será dado. Este principio espiritual es la puerta para traer a existencia todo lo que nos pertenece. Toda la abundancia económica está sujeta a este principio. Cada vez que recibimos el salario hay algo que no nos pertenece: el diezmo. Y si somos fiel con lo que le pertenece a Dios, Él hará llegar a nosotros lo que nos pertenece. Para poder ensanchar nuestro territorio debemos tener contacto con algo ajeno y mostrar fidelidad en ello. Este principio no se limita a términos económicos, también aplica a la vida ministerial. Porque el manto nuestro que cae del cielo muestra la fidelidad que mostramos en el manto de otro.

Para que José pudiera llegar a la realización de sus sueños y gobernar en Egipto tuvo que ser fiel en su trabajo, cualquiera que fuese. José realizó un trabajo de excelencia en todo lugar y en toda posición. Estando en la cárcel preso realizaba un trabajo a nivel de jefe de la cárcel, porque Dios estaba en él. *"...todo lo que se hacía allí, él lo hacía. No necesitaba atender el jefe de la cárcel cosa alguna de las que estaban al cuidado de José, porque Jehová estaba con José, y lo que él hacía, Jehová lo prosperaba" (Génesis 39:22-23).* De esa forma José llegó a gobernar.

Juan, uno de nuestros líderes de jóvenes, trabajaba en una librería cristiana. Cada vez que entrábamos en esa librería veíamos el

Prioridades

esfuerzo de Juan por hacer prosperar aquel lugar. Preparaba los mejores rincones de la tienda. Atendía a los clientes con una gran atención. Al cabo de dos años manteniendo el mismo enfoque y desempeño, se le presentó la oportunidad de comprar una librería. Él no tenía la posibilidad de adquirir esa propiedad, pero Dios honró su fidelidad en su trabajo y le permitió comprarla. Hoy en día es el propietario de una de las librerías de la ciudad. Dios desatará lo que es nuestro, pero utilizará lo de otro. Preparémonos para ensanchar nuestro territorio.

Llevemos un solo vino

"Al tercer día se hicieron unas bodas en Caná de Galilea; y estaba allí la madre de Jesús. Y fueron también invitados a las bodas Jesús y sus discípulos. Y faltando el vino, la madre de Jesús le dijo: No tienen vino. Jesús le dijo: ¿Qué tienes conmigo, mujer? Aún no ha venido mi hora. Su madre dijo a los que servían: Haced todo lo que os dijere. Y estaban allí seis tinajas de piedra para agua, conforme al rito de la purificación de los judíos, en cada una de las cuales cabían dos o tres cántaros. Jesús les dijo: Llenad estas tinajas de agua. Y las llenaron hasta arriba. Entonces les dijo: Sacad ahora, y llevadlo al maestresala. Y se lo llevaron. Cuando el maestresala probó el agua hecha vino, sin saber él de dónde era, aunque lo sabían los sirvientes que habían sacado el agua, llamó al esposo, y le dijo: Todo hombre sirve primero el buen vino, y cuando ya han bebido mucho, entonces el inferior; mas tú has reservado el buen vino hasta ahora" (Juan 2:1-10).

En aquella época, se acostumbraba presentar dos tipos de vinos a los invitados de una boda. El vino de calidad primero y luego el vino inferior para que los invitados no se percataran. En esta ocasión, el novio llevó un solo vino, el de calidad. Cuando éste se acabó, Jesús convirtió el agua en vino. Estoy seguro de que si hubieran tenido también el vino inferior, Jesús no habría hecho el milagro.

Excelencia laboral

Muchas veces nos hemos acostumbrado a llevar en nuestras vidas dos tipos de vino. El de alta calidad y el inferior. Damos el de alta calidad al principio de nuestro trabajo, cuando estamos a prueba, cuando nos están observando, cuando estamos de buen ánimo o nos llaman la atención. Pero no todo el tiempo nos mantenemos con ese buen vino y decidimos remplazarlo por el inferior. Ese vino inferior sale cuando terminamos el periodo de prueba, cuando pasan los primeros meses de haber obtenido el empleo, cuando nadie nos vigila o cuando no estamos de buen ánimo.

Debemos tener presente que Jesús no hace milagros cuando hay dos vinos. Pero aquel que decide vivir con un solo vino en su vida, experimenta el milagro de Jesús. Cuando decidimos dar lo mejor de nosotros, dar la excelencia rechazando por completo el vino de inferior calidad, se manifiesta un vino mejor: el vino divino. En el momento en que perdemos la fuerza haciendo lo mejor y negándonos a la mediocridad, Dios renovará nuestras fuerzas y hará un milagro de alta calidad. Manifestará los dones y talentos que hay en nosotros para hacernos prosperar en todo. Así como tomó el agua y la transformó, de la misma manera tomará áreas sencillas y comunes de nuestra vida y las transformará para su gloria. Aún las personas que nos rodean serán testigos y testificarán del buen vino que ha salido de nosotros. Las mejores ideas y posiciones les serán dadas a aquellos que son fieles y dan lo mejor de sí, haciendo todo como para Dios.

No hay trabajo secular

"Siervos, obedeced en todo a vuestros amos terrenales, no sirviendo al ojo, como los que quieren agradar a los hombres, sino con corazón sincero, temiendo a Dios. Y todo lo que hagáis, hacedlo de corazón, como para el Señor y no para los hombres; sabiendo que del Señor recibiréis la

Prioridades

recompensa de la herencia, porque a Cristo el Señor servís" (Colosenses 3:22-24).

Cada tarea que pueda realizar un hijo de Dios queda dedicada a Él. No hay tal cosa como trabajo secular o trabajar para el mundo. La Palabra de Dios nos invita a que todo lo que hagamos puede ser dedicado a Dios y dice que Él nos recompensará por ello. Hemos creído que el trabajo ministerial es trabajo para Dios, pero si hacemos el trabajo ministerial por dinero o para agradar al hombre no se lo estamos dedicando a Él y por lo tanto nuestra recompensa será de hombre.

Desde el momento que le entregué mi vida a Cristo consagré todo lo que tenía y lo que hacía. Siendo universitario comencé a trabajar en un supermercado en el área de las neveras. Me acuerdo que el día que me presentaron a los empleados de ese lugar, ellos decían entre sí: "Otro cristiano que soltará la Biblia, como los demás". Tan pronto lo escuché, saltó una voz en mí diciendo: *"Muchos tomarán la Biblia en este lugar".* Trataba de hacer el mejor trabajo para Dios y para poder preparar el momento de presentar a Cristo teniendo un buen testimonio. Pasaron algunos meses y mis compañeros comenzaron a acercarse con preguntas. Un par de meses más tarde dos personas llegaron al templo y varios meses después se sumaron cuatro más. Un día llegué normalmente al trabajo y como a los treinta minutos me llamaron por el altavoz para que me presentara en la oficina principal del supermercado. Para mí resultaba extraño y busqué a la supervisora para comentarle el tema pero no la encontré. Cuando llegué a la oficina me indicaron que pasara al despacho del dueño y esto aumentó mi curiosidad. En aquel sitio encontré a todos los supervisores, además del dueño. Todos miraban al suelo cuando yo entré. Entonces mi supervisora dijo en voz baja que a uno de los supervisores le habían diagnosticado un cáncer terminal y que, como sabían que yo era un verdadero cristiano, habían decidido llamarme. Les pedí unos minutos para ir a buscar la Biblia en el carro y les prediqué de Cristo. Muchos recibieron a Jesús y oré por sanidad.

Dios me envió a ese lugar con un propósito y éste se cumplió. No hay trabajo secular porque Dios tiene un propósito en cada lugar donde nos envía. El que nos sostiene es el Señor y Él utilizará una compañía, un negocio o hasta cuervos para sostenernos. El trabajo secular se terminó cuando Dios llegó a nuestra vida y nos dio propósito.

Cuando mi esposa y yo fuimos como misioneros a España estuvimos evangelizando arduamente y durante el primer año nadie respondió. Al segundo año cambiamos la estrategia y en vez de predicar persona a persona, nos dedicamos a conocer gente. Cuando se me dañó el carro lo llevé al mecánico y comencé a hablar con él. Para no cortar la comunicación le ayudé a reparar el carro. Al terminar me preguntó: *"¿cuál es el mensaje que tienes para nosotros?"*. Para poder llevar el mensaje tuve que hacer lo mismo que él, ayudarle en la tarea. Lo hice gratuitamente porque tenía un propósito en ese lugar y lo quería cumplir. Por medio de esa experiencia pude comprender que no trabajamos secularmente. Nosotros cargamos con el propósito de Dios y donde estemos habrá propósito. Todo lo que hacemos lo hacemos de corazón como para el Señor estando seguros que de Él vendrá la recompensa.

Jóvenes

"Prepara tus labores fuera, y disponlas en tus campos, y después edificarás tu casa" (Proverbios 24:27).

Para los jóvenes, la cuarta prioridad no es el trabajo sino los estudios. Un joven que tendrá éxito es aquel que ame a Dios

Prioridades

con todo su corazón, honre a sus padres, arda de pasión por ver el propósito de Dios cumplirse y se prepare académicamente con excelencia. Puede cometer cualquier error pero si tiene las prioridades claras tendrá éxito en Dios y en todo lo que emprenda. Al tomar los estudios como una prioridad nos estaremos preparando para edificar nuestra casa cuando fuese el tiempo. Aunque tengamos la oportunidad de trabajar y estudiar la prioridad cae sobre la preparación académica.

En el momento que decidamos entrar al pacto matrimonial tendremos como prioridad el trabajo. El trabajo será prioridad en los jóvenes en caso de tener a los padres con alguna condición que los haga depender de nuestro ingreso para subsistir. De lo contrario no. Creo que no podemos descuidar nuestros estudios por querer trabajar o por haber entrado en un noviazgo.

REFLEXIÓN
PERSONAL Y/O GRUPAL

¿Qué es la excelencia?
¿Estaremos dando lo mejor de nosotros fuera de los templos?
¿En mi trabajo hago visible a un Dios invisible?
¿Soy fiel en lo de otros?
¿Cuál vino tenemos?
¿Cuál es la prioridad de un joven?

Prioridades

CAPÍTULO 6
CON FUERZA DE VOLUNTAD

"Ya que Jehová tu Dios te habrá bendecido, como te ha dicho, prestarás entonces a muchas naciones, mas tú no tomarás prestado; tendrás dominio sobre muchas naciones, pero sobre ti no tendrán dominio" (Deuteronomio 15:6).

En las Escrituras se presenta claramente nuestra posición y estado como hijos de Dios. La misma es una posición de libertad, de abundancia y de gobierno en todas las esferas personales, familiares, ministeriales y de la ciudad. Nuestro gobierno proviene de Dios y no de noticias o circunstancias que puedan presentarse. Para poder laborar saludablemente en el reino de Dios es imprescindible e insustituible la dependencia de Él y de su Palabra. Es lamentable ver hijos de Dios con una gran herencia, viviendo en esclavitud y en miseria porque permiten que los temores gobiernen sus vidas. Como hijos de Dios debemos permitirle al Espíritu Santo realizar la obra en nuestra vida, para

Prioridades

así tener fuerza de voluntad. Con la fuerza de voluntad podremos establecer nuestras prioridades divinas y mantenerlas firmes en todo tiempo. Con la fuerza de voluntad abandonamos la zona del lugar promedio para situarnos en un lugar de excelencia en nuestra relación con Dios, vida familiar y ministerio.

El pueblo de Israel estuvo dominado por el temor producido por las declaraciones y amenazas de un filisteo llamado Goliat. La Biblia indica que todo el pueblo fue gobernado por el temor durante cuarenta días ante estas amenazas. Sin embargo, cuando David las escuchó por primera vez, se enfrentó a este paladín con determinación y valentía. Es aquí cuando vemos a un pueblo gobernado por el temor y a un joven gobernado por Dios. David poseía una recia voluntad para poder cumplir todo lo que su Señor se proponía. En nuestra vida, para llegar a la meta necesitamos no sólo a las personas que nos ayudan, sino nuestra fuerza de voluntad. Así llegaremos, aunque el mundo diga lo contrario. Podremos dirigir o guiar, si permitimos que Dios gobierne nuestra vida.

> "ASÍ LLEGAREMOS, AUNQUE EL MUNDO DIGA LO CONTRARIO"

¡Tengamos dominio!

"Y reprendió Jesús al demonio, el cual salió del muchacho, y éste quedó sano desde aquella hora. Viniendo entonces los discípulos de Jesús, aparte, dijeron: ¿Por qué nosotros no pudimos echarle fuera? Jesús les dijo: por vuestra poca fe; porque de cierto de cierto os digo, que si tuviereis fe como un grano de mostaza, diréis a este monte: Pásate de aquí allá, y se pasará; y nada os será imposible. Pero este género no sale sino con oración y ayuno" (Mateo 17:18-21).

El pasaje anterior muestra que los discípulos de Jesús no pudieron tener dominio sobre el espíritu inmundo. Jesús sí, y

Con fuerza de voluntad

sanó al muchacho. Por tal razón los discípulos se acercaron a Jesús para que les aclarara las dudas que esta nueva experiencia les había dejado. Él aprovecha este momento para ayudarles a entender un gran principio de autoridad espiritual: el poder de la oración y el ayuno. Nuestra condición espiritual se reflejará a nuestro alrededor. No podemos tener dominio de demonios ni de un ambiente espiritual, si no tenemos dominio de nosotros mismos. Jesús ayunó durante cuarenta días antes de salir a predicar, reprender demonios y sanar enfermedades. No podemos pretender conquistar y gobernar los elementos externos si no hemos conquistado ni gobernado nuestro mundo interior. El dominio propio es necesario para gobernar en el mundo espiritual.

> "NUESTRA CONDICIÓN ESPIRITUAL SE REFLEJARÁ A NUESTRO ALREDEDOR"

Para que Adán y Eva pudieran permanecer en el huerto y gobernar allí, tenían que tener dominio propio. Si no tuvieron dominio de sus decisiones ni de lo que escogieron para comer, no estaban aptos para gobernar el huerto. Por el contrario, si hubiesen tenido dominio de sí mismos, hubieran evitado el fruto prohibido y no habrían salido del huerto. Lo mismo le ocurrió a Esaú al soltar la primogenitura por un plato de lentejas. Si hubiese tenido dominio de su estómago, hubiese tenido también dominio de la primogenitura.

> "TENEMOS QUE ELIMINAR TODO AQUELLO QUE DEBILITE NUESTRA FUERZA DE VOLUNTAD"

No pretendamos dominar el mundo espiritual si no tenemos dominio de cosas tan sencillas como el control remoto de un televisor, lo que comemos, la hora en que decidimos despertarnos o la forma en la cual gastamos el dinero. Creo que estas cosas prácticas y básicas nos ayudan a entender el nivel de autoridad que poseemos. Si no tenemos control de cosas tan sencillas como

Prioridades

éstas, ¿cómo podremos establecer prioridades o tener dominio de cosas mayores? Para crecer en dominio tenemos que eliminar todo aquello que debilite nuestra fuerza de voluntad. Dominemos nuestra vida y lo demás será el reflejo de nuestro interior. De esta manera, en los lugares públicos seremos recompensados por esa transformación.

La oración y el ayuno nos ayudan a fortalecer el dominio propio. A través del ayuno nos estamos entrenando para cuando estemos delante de la tentación. Si voluntariamente no comemos, voluntariamente no caeremos. La tentación es sustituida por el alimento. Si vences dentro de ti, vencerás fuera de ti.

"Porqué no nos ha dado Dios espíritu de cobardía, sino de poder, de amor y de dominio propio" (2 Timoteo 1:7).

Nueve áreas en las cuales el dominio propio nos enriquece
El dominio propio nos ayuda a:

1. Ser constante en lo que uno se propone.
A finales de cada año la gente acostumbra hacer resoluciones para lograr cosas que no pudo llevar a cabo en los meses anteriores. Entre las más comunes está el hacer una dieta estricta para perder peso. Esto lo hacemos año tras año y a partir de los tres meses abandonamos tal compromiso y disciplina. De igual manera ocurre con el ejercicio. Al inicio estamos motivados y nos compramos ropa y calzado adecuado e incluso el equipo para hacer los ejercicios. Al cabo de varios meses, vemos el equipo para la rutina cardiovascular en una esquina de la casa. En ese momento recordamos la motivación que teníamos al comenzar y la famosa resolución que comunicamos a todos. Al cabo de unos meses más, no sabemos qué hacer con el equipo: si guardarlo en otro lugar o venderlo.

El dominio propio nos ayudará a ser constantes en todo momento. Nos ayudará a comenzar algo y continuar hasta terminarlo. El Espíritu Santo nos otorga el dominio propio para la realización plena de todo lo que Dios quiera iniciar en nuestra vida. Porque una vida sin dominio propio es una vida de posposición. El dominio propio nos llevará a iniciar una relación madura y fructífera con Dios.

> "PORQUE UNA VIDA SIN DOMINIO PROPIO ES UNA VIDA DE POSPOSICIÓN"

Al obedecer la Palabra de Dios nos esperan grandes victorias. Posiblemente hemos perdido grandes cosas debido a nuestra inconstancia. Tenemos que amar y sacar a la luz todas las ideas secuestradas en nuestro interior y llevarlas a cabo, aunque nos cueste mantenernos firmes. Debemos finalizar todo lo que hemos iniciado en nuestra vida. No es correcto comenzar algo y dejarlo a medias.

2. A experimentar la sanidad que necesitamos.
La sanidad emocional es medular para el crecimiento integral, en especial en el área de las relaciones humanas. Cada uno de nosotros hemos experimentado alguna vez una herida emocional o sentimental. Nosotros determinamos el tiempo de vida de esa herida. La fuerza de voluntad marcará el final de la misma.

Hay personas que siguen arrastrando crisis y traumas de su niñez porque se han acostumbrado a vivir de esa manera. A pesar de tener la fuerza y la capacidad para desligarse de esa condición, no lo hacen. Muchas veces piensan que se repetirá el triste pasado. La realidad es que el pasado no volverá pero de manera inconsciente ellos permanecerán esperando. La sanidad que necesitamos para levantarnos ya fue pagada en la cruz. No tenemos que esperar un día más con una herida emocional. Tampoco debemos esperar a que un predicador nos llame desde el púlpito para profetizarnos

Prioridades

toda nuestra vida, sanar aquella herida y encontrar la sanidad interior. Jesús pagó el precio total de nuestra sanidad. Tenemos que tener fuerza de voluntad para reclamar la sanidad que nos pertenece y decidir ser sano. Nuestra sanidad no depende de nadie, sólo de Cristo y nuestra absoluta confianza en Él.

Un conocido predicador hizo la siguiente pregunta: ¿Cuántos quieren conocer el secreto para nunca ser herido emocionalmente? Todos los oyentes esperaron con ansia la respuesta. La contestación fue la siguiente: *"Nunca esperes nada de nadie".* La mayoría de las personas están heridas porque en algún momento esperaron algo de alguien. Esperaron compañía, visitas o ayuda. Desarrollemos una dependencia mayor de Dios. Esperemos en Dios y si alguien nos ayuda, agradezcámoslo. Decidamos hoy tener un corazón sano.

3. **Tomar mejores decisiones.**
Nuestras decisiones acercan a nuestra vida grandes resultados o grandes consecuencias. Por esta razón tenemos que ser cautelosos y sabios al tomar decisiones. Al fortalecer el dominio propio en nuestra vida, desaparece el control de nuestros sentimientos y emociones, remplazándolos por el poder absoluto del Espíritu de Dios. Cuando una persona es dominada por el desánimo, necesita de una mano amiga que la motive para realizar o culminar una tarea. Muchas veces, en medio del desaliento se abandonan las responsabilidades, tareas o encomiendas. Esto ocurre debido a la inestabilidad emocional y sentimental. La Palabra de Dios nos enseña que el hombre de doble ánimo es inconstante en todos sus caminos. No obstante, si nos regimos por Él como hizo Josué, todo nos saldrá bien. No cabe la menor duda que el dominio propio nos ayuda a tomar mejores decisiones.

A la hora de tomar una decisión como, por ejemplo, la de comprar un vehículo, tenemos que ser cautelosos y tomar control de nuestro ser para no llevar a cabo una determinación desacertada. Ello implicaría sufrir las consecuencias por una compra apresurada que no podremos pagar. Hay personas que ingenuamente compran un enorme televisor y al mes no lo pueden usar porque no pagaron la electricidad.

4. Formar a nuestros hijos saludablemente.
Para levantar una generación de excelencia necesitamos fortalecer el dominio propio. Un área esencial en la educación de nuestros hijos es la disciplina. Al utilizar el término disciplina me refiero a que nuestro sí sea sí y nuestro no, no. Nuestros hijos necesitan padres con fuerza de voluntad y no padres indecisos que tomen decisiones para luego anularlas. Los padres con fuerza de voluntad no se dejan dominar por lágrimas, gritos, abrazos o besos. Los padres con dominio propio hacen lo correcto y actúan con sobriedad, misericordia y firmeza. Posiblemente nuestros hijos no quieran padres con fuerza de voluntad, pero lo necesitan.

> "NUESTROS HIJOS NO NECESITAN UN AMIGO MÁS EN LA CASA, NECESITAN PADRES QUE LES PROTEJAN Y LES DEN BUEN EJEMPLO"

Nuestros hijos no necesitan un amigo más en la casa, necesitan padres que les protejan y les den buen ejemplo. Aunque nuestros hijos cierren los oídos para no escuchar el consejo de los padres, siempre tienen los ojos abiertos para ver el ejemplo. Tomemos el lugar que nos corresponde y no el que deseamos. Nuestros hijos necesitan padres maduros, llenos de sabiduría, amor y dominio propio.

5. Tener relaciones saludables.
La persona con dominio propio tiene relaciones saludables. Nosotros acercamos o alejamos a las personas de nuestra vida. Un ejemplo claro de la fuerza de voluntad en las relaciones se

Prioridades

evidencia en la etapa del noviazgo. Muchos toman la decisión de comenzar una relación de noviazgo conociendo de antemano el fracaso por venir. Por ejemplo, te unes a alguien que no te respeta, te maltrata emocionalmente, maltrata a los padres o tiende a darle demasiada importancia a lo material. Ya sabemos que esa persona puede cometer adulterio, maltrato, etc. A pesar de todo, decides entrar en ese vínculo del noviazgo. Decisiones como ésta tendrán como consecuencia relaciones débiles y enfermas. Y si la relación culmina en matrimonio, será una desafortunada experiencia que querrás pasar más tiempo fuera del hogar que en él.

> "ACERQUÉMONOS A PERSONAS QUE APORTEN COSAS POSITIVAS A NUESTRA VIDA"

Ahora bien, utilizando el dominio propio podemos tomar decisiones sabias y acertadas, aunque tengamos que esperar un poco más. Nuestro Padre desea que tengamos relaciones saludables, permanentes y de bendición. Al tomar mejores decisiones podremos establecer nuestra casa sobre la roca y en completo sosiego. Aunque pasemos por diferentes problemas, Dios nos guardará con su bendita paz porque a través de nuestras acciones y decisiones, nos hemos acercado a Él.

> "NUESTRAS DECISIONES ACERCAN A NUESTRA VIDA GRANDES RESULTADOS O GRANDES CONSECUENCIAS"

Que el Señor nos ayude a tener mejores amistades, ya que ellas aportarán o se llevarán algo de nuestra vida. Quizás de manera consciente o inconsciente, hoy tenemos a nuestro alrededor las mismas personas de hace cinco años atrás. Lo queramos o no, mañana también estarán cerca de nuestra vida. Por esa razón Jesús llamó a doce discípulos para que estuviesen con él. Tres años después vemos a los discípulos transformados por estar caminando con Jesús. Unámonos a las personas correctas y no a las que queramos. Acerquémonos a personas que aporten cosas positivas a nuestra vida.

6. No ser gobernado por el dinero.
Es evidente el reflejo del dominio propio en el dinero. He aquí una gran pregunta: ¿Compramos algo porque lo queremos o porque lo necesitamos? En ocasiones realizamos compras sabiendo que esto afectará el presupuesto del mes. No significa que el comprar algo que nos gusta sea incorrecto, porque como dice el dicho: "Una vez al año, no hace daño". Sin embargo, cuando nuestros gustos son alimentados con caprichos, nos estamos moviendo por impulsividad y no con sabiduría.

¿Por qué el tema de las compras se relaciona con el dominio propio? La forma en la cual administramos el dinero es una expresión externa de nuestro estado espiritual. En ocasiones hemos trabajado con personas que se han convertido en compradores compulsivos. Por ejemplo, están aquellos que no pueden ver televisión en la noche porque quieren comprar todas las ofertas. También existen los que sienten consuelo al irse de compras. Al sentirse mal, se miman comprándose algo. Ellos tienen dos pies, pero tienen cien pares de zapatos por las veces que se han lastimado. Cada zapato tiene su historia.

Debemos establecer prioridades. Cuando dependemos del Espíritu Santo de Dios, tomamos el dominio propio para que el verdadero consuelo venga de Él y no de una tienda, para que tomemos control del dinero y no que éste nos controle. Dios gobierna nuestra vida para que gobernemos lo que está a nuestro alrededor. ¡Tomemos el control!

7. Confrontar nuestros problemas y temores.
Como dice el dicho: *"Los barcos no se hunden por estar en el agua, se hunden porque el agua se les mete dentro".* No podemos hundirnos

Prioridades

por estar en un problema, nos hundimos porque llevamos dentro el problema. No debemos permitir que las dificultades nos intimiden y paralicen. El rey Saúl tenía que confrontar al paladín (Goliat), pero tuvo temor e ignoró a ese filisteo. Más adelante vemos cómo los hijos de Saúl mueren a manos de los filisteos. El obstáculo que ignoremos hoy, nos seguirá por siempre. El problema que no enfrentemos hoy, nos perseguirá mañana y continuará afectando todo y a todos, como una cadena interminable.

El Espíritu Santo nos ha dado fuerza de voluntad para tomar dominio de lo que sintamos y así confrontar nuestros temores y problemas. Debemos vencer sobre toda circunstancia para que nuestros hijos reciban esas victorias por herencia espiritual. Noé respondió al desafío que Dios le dio y entonces Dios estableció un pacto como señal de que aquel diluvio no se repetiría. Todos nosotros tuvimos la victoria porque Noé venció. Si enfrentamos nuestros problemas, nuestros hijos serán librados del mal por nuestras victorias.

"LOS BARCOS NO SE HUNDEN POR ESTAR EN EL AGUA, SE HUNDEN PORQUE EL AGUA SE LES METE ADENTRO"

Dos eventos que ocurren al NO enfrentar nuestros problemas. *(Según el pastor argentino Dr. Bernardo Stamateas)*

1. El problema crece y te domina.
El tiempo que le demos al problema sin resolver, es un tiempo de crecimiento que le hemos otorgado. Por ejemplo: cuando identificamos una conducta de rebeldía en nuestros hijos y no dedicamos el tiempo y el amor para solucionar ese conflicto de inmediato, esa rebeldía comienza a crecer hasta el punto que nos domina. Luego comenzamos a ser más permisivos y trabajamos con un plan B. ¿Por qué ocurrió? Porque no tuvimos la fuerza de

voluntad en el momento y preferimos posponer la confrontación. Esto es sólo un ejemplo del crecimiento de los problemas, cuando los evadimos.

2. La solución se aleja.
Al no atender el problema, la llave de la solución se aleja cada vez más. El día que decidamos enfrentarlo será más difícil y doloroso. Tomo por ejemplo las conductas que generan algún tipo de vicios. Esas personas que juegan con algo peligroso a sabiendas de que puede generar algún tipo de adicción y no tienen la fuerza de voluntad para detenerse. Así el problema se va complicando y la solución se va alejando. Esto es un ejemplo simple de cómo alejamos la solución de nuestros problemas.

Lo que nos cueste mucho hoy, mañana nos hará más firmes. Entremos a la sala de operaciones, en vez de mantenernos con alguna condición el resto de nuestra vida. Al fortalecer la fuerza de voluntad tendremos dominio de nuestros enemigos.

Lo que el enemigo tenga que utilizar para desanimarnos, marcará la altura de nuestra vida espiritual.

8. Prosperar en todo.
"Amado, yo deseo que tú seas prosperado en todas las cosas, y que tengas salud, así como prospera tu alma" (3 Juan 1:2).

Por mucho tiempo hemos malinterpretado estos versos. Los hemos aplicado como si dijeran "cómo prospera tu espíritu". Hemos enseñado que si uno ora, se congrega y va a la escuela bíblica, su alma prospera. Y no es así. Prosperamos en nuestra alma de la siguiente manera: Recibimos un depósito espiritual y cuando tomamos la decisión de aplicar esos principios, el depósito de nuestro espíritu se convierte en el depósito de nuestra alma. Cuando tomamos decisiones grandes o pequeñas, hacemos

Prioridades

prosperar el alma. Cuando esto ocurre prosperamos en todo, hasta en la salud. La puerta para que pase el depósito espiritual de Dios es la obediencia a su Palabra. Al aceptar el consejo de Dios, la fuerza de voluntad abrirá una represa de bendición y prosperidad en todas las áreas de nuestra vida, familia y ministerio.

9. Mejor disciplina.
La disciplina nos ayuda a cumplir metas y desarrollar los sueños que Dios ha puesto en nosotros. Tener visión es como si fuéramos al futuro, lo contempláramos, le tomáramos una foto y regresáramos al presente con esa imagen. Para llegar a ese destino soñado y anhelado debemos ser disciplinados. Tomemos un ejemplo simple. Vamos al médico

> "AL FORTALECER LA FUEZA DE VOLUNTAD TENDREMOS DOMINIO DE NUESTROS ENEMIGOS"

y nos da un diagnóstico desfavorable. Nos recomienda que regulemos la alimentación para mejorar. Para recuperar la salud debemos ser disciplinados con la alimentación. La ausencia de una buena alimentación ha llevado a un gran número de personas a la enfermedad e incapacidad. Voy más allá: la mayoría de las personas que piden oración por su sanidad son indisciplinadas con la alimentación y por esa razón están enfermas. En una ocasión

> "LA FALTA DE DISCIPLINA SECUESTRA LA VISIÓN Y LA REALIZACIÓN DE NUESTROS SUEÑOS"

vi a una persona enojada con Dios porque no le sanaba. La enfermedad con la que estaba lidiando era consecuencia del sobrepeso. Todavía no hemos visto a alguien enfermo manifestando enojo con algún sitio de comida rápida de hamburguesas, de pizza o con alguna compañía fabricante de bebidas con alto contenido de azúcar. Debemos tener dominio propio para gozar de largos días con salud. Adán tuvo que salir del huerto al no ser obediente. Comió algo que no le estaba permitido. No salgamos de nuestro destino profético por la falta de una voluntad firme. Esto se evidencia también con el ejercicio si no respondemos adecuadamente cuando nos recomiendan trotar, realizar ejercicios cardiovasculares. Anhelamos mucho crecer y madurar en Dios pero no somos disciplinados con cuestiones sencillas, ni en las prioridades de nuestra vida. La falta de disciplina secuestra la visión y la realización de nuestros sueños.

FUERZA DE VOLUNTAD CUANDO OTROS NOS DEJAN

"Después de este, Eleazar hijo de Dodo, ahohíta, uno de los tres valientes que estaba con David cuando desafiaron a los filisteos que se habían reunido allí para la batalla, y se habían alejado los hombres de Israel. Este se levantó e hirió a los filisteos hasta que su mano se cansó, y quedó pegada su mano a la espada. Aquel día Jehová dio una gran victoria, y se volvió el pueblo en pos de él tan solo para recoger el botín" (2 Samuel 23:9-10).

Eleazar, uno de los tres valientes de David, quedó solo en una batalla y determinó en su corazón levantarse y tomar la espada para pelear más fuerte que nunca. Cuando se sintió cansado, la espada quedó pegada en su mano. Cuando otros retroceden, tenemos que tener la suficiente fuerza de voluntad para continuar, aunque estemos solos. Debemos tomar la Palabra de Dios con fuerza y cuando comencemos a debilitarnos, esta será la que nos tomará de la mano fuertemente, nos fortalecerá y dirigirá dándonos la suprema victoria. Cuando otros se van y te quedas solo, Dios te regala la fuerza de los que retrocedieron. Nosotros somos de los que por poco soltamos la espada, pero hemos determinado en nuestro corazón tener autocontrol y continuar la batalla a pesar de las circunstancias. Todo lo podemos en Cristo que nos fortalece.

Hoy decidimos recuperar el terreno perdido y el lugar que hemos

Prioridades

abandonado en el ejército de Dios. Lo que creímos perdido no lo está, porque Dios fue recogiendo cada cosa que se nos fue cayendo en el camino. Cuando regresemos a Él, nos devolverá todo, incluyendo la fuerza de voluntad. No tenemos que pagar nada porque Cristo lo pagó.

"El Hijo del Hombre vino a buscar y a salvar lo que se había perdido".

Decidimos crecer con la capacidad para recibir la gracia y misericordia de Dios.

REFLEXIÓN
PERSONAL Y/O GRUPAL

¿Qué es fuerza de voluntad?
¿Qué ocurre si descuido la oración y el ayuno?
¿Soy constante en lo que me propongo?
¿Cuál es mi actitud con el dinero?
¿Enfrento los problemas sin intervenciones?
¿En qué área necesito disciplina?

_____
_____
_____
_____
_____
_____
_____
_____
_____
_____
_____
_____
_____
_____
_____
_____
_____
_____
_____
_____

Prioridades

CAPÍTULO 7
TERMINEMOS LO QUE INICIEMOS

*"He peleado la buena batalla, **he acabado** la carrera, he guardado la fe"*
(2 Timoteo 4:7)

Cuando iniciamos algún proyecto o nuevas metas normalmente estamos motivados y apasionados. Al pasar el tiempo y con la llegada de las vicisitudes vamos perdiendo esa fuerza del inicio. En esta fase se puede atravesar Don Posposición que es experto en posponer el tiempo de cumplimiento una y otra vez. Es importante conocer las prioridades que Dios establece, tener la fuerza de voluntad para movilizarnos y llegar a la meta. No se trata de sentirse bien al iniciar, sino de llegar al cumplimiento de las cosas.

Debemos evitar la distracción para mantenernos enfocados en la culminación de grandes sueños. Jesús enseñó que antes de edificar una torre debemos hacer cálculos para ser realistas y lograr acabar lo que iniciamos. Pablo le escribe a los Filipenses

Prioridades

que *"...estando persuadido de esto, que el que comenzó en vosotros la buena obra, la perfeccionará hasta el día de Jesucristo..."*.

Otro enemigo del cumplimiento de nuestros sueños es la indisciplina. La indisciplina mantiene un sueño secuestrado en el corazón de la persona al igual que la pereza o vagancia. Salomón dijo: *"El que al viento observa, no sembrará; y el que mira a las nubes, no segará" (Eclesiastés 11:4)*. Un corazón negativo siempre encontrará un obstáculo para no sembrar y para no segar. No podemos ser de muchos principios y de pocos finales. Debemos ser gente de cumplimiento, que nuestro sí sea sí, y nuestro no, no. Crezcamos en credibilidad.

Sanado por llegar al cumplimiento

El general del ejército de Siria llamado Naamán tenía lepra y fue a ver al profeta Eliseo porque entendía que había grandes posibilidades de ser sanado. Naamán tenía en mente que el profeta colocaría sus manos en él y que de esa manera sanaría. Después de una gran búsqueda encontró al profeta y contrario a sus expectativas, Eliseo envía un mensajero a decirle que se sumerja en el río Jordán siete veces para ser sanado. Veamos qué sucede entonces: Naamán se sorprende y se molesta porque esta respuesta no estaba de acuerdo a sus expectativas y además, porque el Jordán no era el mejor río. Luego, convencido por sus compañeros, decide sumergirse las siete veces. Entra en el río por primera vez, se sumerge, emerge y no ocurre nada. Entra la segunda, tercera y cuarta vez y no ocurre nada. Se repite una quinta y sexta vez y al igual que la primera vez, todo sigue igual. Ahora bien, cuando emerge en la séptima ocasión recibe la sanidad total de su cuerpo.

Si Naamán se hubiese retirado a mitad del proceso, no hubiera recibido su sanidad. En ocasiones uno ve resultados en el transcurso del camino, pero no necesariamente es siempre así. Hay momentos en que no veremos nada hasta el final y trabajaremos duro sin ver resultados que nos inspiren a seguir. Pero cuando lleguemos a la meta lo recibiremos todo. Hay bendiciones que llegan como recompensas al culminar el último paso.

Hay proyectos y metas que van por la segunda sumergida sin que veamos nada. Existen deseos y llamados que van por la cuarta o quinta sumergida, pero no vemos absolutamente nada de lo que queremos ver. Esta enseñanza nos ayuda a entender que en algunas ocasiones debemos llegar hasta el final para ver el cien por ciento del resultado. Necesitamos recuperar fuerzas para continuar lo que hemos comenzado y terminarlo. Podemos entender cuáles son nuestras prioridades y comenzar a establecerlas, pero tenemos que proseguir. Cada día estamos más cerca de nuestro resultado total. Tenemos que llegar a nuestra séptima inmersión. Allí se encuentra una gran bendición.

Quememos los puentes y lleguemos

"Partiendo él de allí, halló a Eliseo hijo de Safat, que araba con doce yuntas delante de sí, y él tenía la última. Y pasando Elías por delante de él, echó sobre él su manto. Entonces dejando él los bueyes, vino corriendo en pos de Elías, y dijo: Te ruego que me dejes besar a mi padre y a mi madre, y luego te seguiré. Y él le dijo: Ve, vuelve; ¿qué te he hecho yo? Y se volvió, y tomó un par de bueyes y los mató, y con el arado de los bueyes coció la carne, y la dio al pueblo para que comiesen. Después se levantó y fue tras Elías, y le servía" (1Reyes 19:19-21).

Este evento en la vida de Eliseo era medular porque a partir de esta decisión cambiaría su vocación, el lugar de radicación y su estatus económico. Este relato de Eliseo se puede parecer al relato de uno de los discípulos de Jesús, el cual le pide permiso de enterrar a su padre para luego regresar. A pesar de su parecido

Prioridades

existe una gran diferencia. Uno se despedía de su familia con gozo para ser discípulo de Elías y el otro era un discípulo que en medio de un desánimo quería regresarse a su casa y cuando su padre muriera volvería a estar disponible. Eliseo se dirigía a tomar un compromiso sin vuelta atrás y el joven estaba por abandonar su jornada. En ocasiones debemos escoger tomar el manto o tomar la mediocridad.

Eliseo rompió con la mediocridad antes de iniciar. Al responder al llamado renunció a todas las oportunidades de regresar. En medio del camino Eliseo podía sentirse mal emocionalmente y regresar con sus padres, o extrañar el estatus económico e ir a trabajar. Pero antes de caminar en su llamado, él decidió no dar vuelta atrás, quemando con gozo todo lo que tenía. De esa forma entregó todas las oportunidades de retroceder.

Cuando comenzamos algo debemos estar enfocados en terminarlo. Tenemos que planificar la culminación de las cosas de tal forma que lleguemos aunque nos desalentemos, recibamos críticas o no veamos el resultado esperado durante el proceso. Podemos comenzar a establecer prioridades teniendo en mente un plan B, por si nos va mal. Creo que Eliseo es un gran ejemplo en cuanto a tener una sola meta. Dejemos los bueyes, las carretas y la mediocridad quemando todo lo que nos puede tentar o hacer regresar en el día malo. Tomemos el reto de establecer nuevas prioridades en nuestra vida sin dar vuelta atrás. Que cuando nos visiten pensamientos de abandonar lo que hemos iniciado ya no sea posible hacerlo porque hemos modificado y alineado toda nuestra vida para el segundo manto, el de la separación. Eliseo recibió dos mantos: el del llamado y el de la separación al ministerio. Muchas veces nos conformamos con el manto de inicio y nunca llegamos al segundo manto. Si al comenzar, Dios nos bendijo, al terminar recibiremos el doble de su bendición.

Abraham fue una persona que tomaba los retos de Dios con una gran determinación para realizarlos. Cuando Dios le llamó para pedirle a su único hijo, Abraham no se hizo esperar. Aunque le costó todo, él obedeció en la primera orden. Porque Abraham, al igual que muchos héroes de la fe, eran hombres de primera orden. Dios no tenía que llegar a la segunda orden para que se movilizaran. Ahora, para cuando se encuentra Isaac en el altar, maniatado y con el cuchillo cerca de él, Dios envía un ángel *"dando voces desde el cielo, diciendo: Abraham, Abraham. Y él respondió heme aquí" (Génesis 22:11)*. Dios sabía la determinación de Abraham y conocía que él terminaba todo lo que comenzaba y le tuvo que llamar dos veces para que se detuviera. Necesitamos ser como el padre de la fe. Gente de una sola orden para iniciar las cosas con tal fuerza que para detenernos Dios tenga que llamarnos dos veces por la fuerza de nuestra determinación. Que seamos conocidos por ser de los que llegamos a la meta y no de los que negocian a mitad. Dios conocía el corazón de Abraham y sabía que si le pedía a su único hijo, él se lo daría.

Al terminar seremos sellados por su gloria

Cuando Moisés comenzó a construir el Tabernáculo recibió una gran provisión, a tal punto que dijo al pueblo que era suficiente. Al comenzar nuevos proyectos podemos experimentar una gran provisión. Recibimos el ánimo, las estrategias, la admiración de los demás, los recursos y todo comienza a entrelazarse entre sí. Más adelante comenzamos a experimentar ciertas turbulencias y vemos cómo se desintegran cosas que aparentaban estar sólidas. Esto trae cierta invitación a tirar todo por la borda. Pero la persistencia siempre trae quebrantamiento. La persistencia de las malas noticias puede traer quebrantamiento a nuestros planes, pero si nosotros persistimos aún más, provocaremos un quebrantamiento a todo lo que se opone al cumplimiento.

Prioridades

Al romper Moisés con todas las vicisitudes y distracciones, pudo terminar de construir el tabernáculo de reunión. Existe una gran satisfacción al terminar una obra en la que nos involucramos con todo nuestro corazón. Cuando Moisés acabó la obra, ocurrió algo en el cielo y en la tierra. *"Finalmente erigió el atrio alrededor del tabernáculo y del altar, y puso la cortina a la entrada del atrio. Así acabó Moisés la obra. Entonces una nube cubrió el tabernáculo de reunión, y la gloria de Jehová llenó el tabernáculo. Y no podía Moisés entrar en el tabernáculo de reunión, porque la nube estaba sobre él, y la gloria de Jehová lo llenaba" (Éxodo 40:33-35).* La gloria de Dios selló el tabernáculo. Hay una gran bendición en terminar lo que Dios nos ha dicho que hagamos y en los sueños que están en nuestro corazón.

"Terminó, pues, Salomón la casa de Jehová, y la casa del rey: y todo lo que Salomón se propuso hacer en la casa de Jehová y en su casa, fue prosperado. Y apareció Jehová a Salomón de noche, y le dijo: Yo he oído tu oración, y he elegido para mí este lugar por casa de sacrificio. Si yo cerrare los cielos, para que no haya lluvia, y si mandare a la langosta que consuma la tierra, o si enviare pestilencia a mi pueblo; Si se humillare mi pueblo, sobre el cual mi nombre es invocado, y oraren, y buscaren mi rostro, y se convirtieren de sus malos caminos; entonces yo oiré desde los cielos, y perdonaré sus pecados, y sanaré su tierra" (2 Crónicas 7:11-14). Salomón también experimentó una gran provisión de recursos cuando inició la construcción del templo. Después de varios años Salomón terminó el templo y de igual manera recibió una visita de Dios con un mensaje determinante para el pueblo. Dios se comprometió a escucharlos, perdonarlos, sanar su tierra y mantener sus ojos y oídos en ese lugar. Ahora el pueblo contaba con un respaldo fuerte de Dios porque hubo un hombre que asumió su responsabilidad y terminó lo que inició.

Si hay provisión para los que inician, habrá un sello de la gloria de Dios para los que terminan. Podemos tener un conocimiento amplio y tener conceptos bien definidos, pero si no los ponemos en práctica de nada sirve. No podemos quedarnos con la satisfacción de haber tomado nuevos desafíos sin llevarlos al cumplimiento. Debemos conocer nuestras prioridades en Dios, tomar fuerza de voluntad y llevarlas al final. Seremos testigos de la provisión, del respaldo y del sello de su gloria. A Jesús le gusta que sus hijos tengan características de él. Jesús dijo: *"Consumado es".*

Dios honra a los que llegan

Un hombre bien preparado en términos académicos recibe una llamada indicándole fecha, hora y lugar para una entrevista del empleo que tanto soñaba. Cuando llega a la entrevista lo transfieren a una residencia y al llegar a este lugar pregunta por la persona referida. Lo ubican en un salón para esperar, pasa la primera hora y no le atienden. Al pasar seis largas horas sale la persona que le iba a entrevistar y le hace preguntas básicas como: ¿Sabes escribir tu nombre? Pues demuéstralo en esta hoja. ¿Sabes la dirección del lugar donde vives? ¿Sabes contar del uno al cien? El hombre responde que sí a estas tres preguntas y lo demuestra escribiendo en la hoja. Luego lo dejan una hora más en el salón de espera. El entrevistador sale de la oficina, ve al hombre esperando y le dice que está contratado para uno de los puestos más altos y de importancia en la compañía. Solo era una prueba de carácter, humildad y capacidad para esperar.

"ORDENEMOS NUESTRA VIDA Y CREZCAMOS EN CREDIBILIDAD"

Este hombre obtuvo su recompensa por llegar al final. Cada persona que aprende a esperar, a tener control de sus emociones, a seguir instrucciones y al llegar al final tendrá su recompensa. Tenemos que levantarnos hasta que estemos totalmente de pie. Debemos restaurar nuestra relación con Dios hasta el final. Continuemos sembrando en nuestro matrimonio, hijos y padres

Prioridades

hasta el final. Dios honra a los que conocen el código de honra. Así que lleguemos hasta el final sin importar la espera, las malas interpretaciones, lo que diga nuestro orgullo o el cansancio. Lleguemos al final. Establezcamos prioridades.

Ana en su esterilidad le prometió a Dios que si le daba un hijo ella se lo dedicaría llevándolo al templo. Dios aprobó este acuerdo dándole el hijo que llevó el nombre de Samuel. Después del nacimiento de Samuel, su madre lo llevó al templo con dolor en su corazón y un deseo intenso de quedarse con él. Esta mujer le hizo una promesa a Dios y la llevó al final. Fue una mujer que cumplió lo que prometió. Y por esa razón Dios la honró dándole cinco hijos más. La recompensa por cumplir lo que propuso en su corazón fue cinco veces más amplia de la que pidió. Si somos personas de cumplimiento preparémonos para tener cinco veces más los resultados que deseamos. Ordenemos nuestra vida y crezcamos en credibilidad.

REFLEXIÓN
PERSONAL Y/O GRUPAL

¿Terminamos lo que comenzamos?
¿Somos como Eliseo o como el discípulo?
¿Somos personas que respondemos al momento?
¿Cómo está nuestra credibilidad?

COMPROMETIDOS CON LA GRAN COMISIÓN

La Escuela de Evangelización es una escuela que sirve a las iglesias locales proveyéndole adiestramiento teórico, práctico y le acompaña en la movilización de miembros comunes en la evangelización.

La Escuela de Evangelización ayudará a la iglesia local a:
- ✓ **Llevar el Evangelio de Jesucristo a las personas donde se encuentren.**
- ✓ Descubrir y aplicar diversas formas y estilos de evangelización.
- ✓ Identificar errores que cometemos al evangelizar para mejorar utilizando herramientas prácticas y contextualizadas.
- ✓ Ver la evangelización como un estilo de vida que transformará la sociedad.
- ✓ Mejorar el seguimiento a las personas que respondan al Evangelio.
- ✓ Ser testigos del poder de Dios en las calles.

ESCUELA DE EVANGELIZACIÓN

facebook: /escueladeevangelizacion
ministerioechandoraices.com
escueladeevangelizacion7@gmail.com

PO BOX 801441
Coto Laurel, PR 00780
Tel: 001 787 812 3365

WWW.ESCUELADEEVANGELIZACION.COM

Autor: Mario J. Guzmán
PO BOX 801441, Coto Laurel, PR 00780
Email: mariojoelguzman@gmail.com
www.facebook.com/marioymarinelisguzman
Tel. 001 (787) 284-7777